自流量生活

Click Millionaires

[美] 斯科特·福克斯（Scott Fox） 著
王晶晶 译

中信出版集团 · 北京

图书在版编目（CIP）数据

自流量生活 / (美) 斯科特 · 福克斯著；王晶晶译 .
-- 北京：中信出版社，2018.8
书名原文：Click Millionaires: Work Less, Live More with an Internet Business You Love
ISBN 978-7-5086-9153-4

I. ①自… II. 斯… ②王… Ⅲ . ①电子商务
Ⅳ . ① F713.36

中国版本图书馆 CIP 数据核字（2018）第 140837 号

自流量生活

著　　者：［美］斯科特 · 福克斯
译　　者：王晶晶
出版发行：中信出版集团股份有限公司
（北京市朝阳区惠新东街甲 4 号富盛大厦 2 座　邮编　100029）
承 印 者：北京诚信伟业印刷有限公司

开　　本：787mm × 1092mm　1/16　　印　　张：18.25　　字　　数：180 千字
版　　次：2018 年 8 月第 1 版　　印　　次：2018 年 8 月第 1 次印刷
京权图字：01–2015–5062　　广告经营许可证：京朝工商广字第 8087 号
书　　号：ISBN 978–7–5086–9153–4
定　　价：59.00 元

致我的父亲，他的一生都致力于帮助他人，他也教会了我这种美德，让我在生活中乐于助人。

前言

工作不一定是一件讨厌的事情

每天清早醒来的那一刻，你会有什么感觉？闹钟响了之后，你能准时睁开眼睛，精气神儿十足吗？你能脚步轻松地去上班吗？你对未来日复一日、年复一年的上班族生活充满期待吗？

我很希望你的回答是肯定的，但遗憾的是大部分人都不是。研究表明，世界上几乎有60%的人不喜欢自己的工作。世界大型企业联合会（The Conference Board）连续20多年对美国在职人员进行工作满意度调查，人们对工作的不满意程度曾在2012年达到历史最高值。

也就是说，世界上的大部分人都在浪费自己的时间，跟不喜欢的同事一起工作，做着自己不喜欢的事情。这听起来像是你的生活吗？如果每天浪费时间做自己不喜欢的工作，周而复始，就是为了赚够钱之后可以无所事事地享受，那么不管别人怎么看，至少我觉得这不是一种健康的生活方式。

市面上大多数励志类书籍都在告诉你要改变生活态度，对未来充满希望，或者教你如何处理好人际关系，但它们不知道你真正苦恼的是不喜欢自己的工作，并且存款也并没有多到可以让自己不工作。对于大部分上班族来讲，办公室是他们这辈子待得时间最长的一个地方。除去看电视、睡觉以及花在上下班路上的时间，他们并没有多少时间可以用来跟家人、朋友相处，或者做自己喜欢的事情。

所以，能否开心地工作对每个人的幸福生活至关重要。那么，问题来了，你喜欢现在的工作吗？你认为现在的工作符合你的期待吗？或者说你的薪水多到足以弥补工作带给你的沮丧感了吗？

我敢打赌你们的答案是“不”，原因在于如果答案是肯定的，你们就没必要读这本书了，不是吗？

你阅读本书的目的在于重新规划自己的生活。你现在是不是每天工作 8 到 10 个小时，甚至是 14 个小时，然而赚到的钱仅够养家糊口（可能会有些许积蓄）？你是否也希望生活心想事成，达到心理上的满足？但是，如果每天朝九晚五（也可能是朝八晚八）的工作并没有让你的内心感到充实，那么就到了要改变的时候！工作是为了得到自己想要的生活，而不仅仅是养家糊口。如果现在就有机会来创造一种自己喜欢的生活方式，让你在工作之余还能享受之前一直渴望的退休生活，那这个想法怎么样？

如果你心动了，那就加入我们，成为一名自流量生活方式的创业者吧

本书将会告诉你如何利用互联网迅猛发展这个千载难逢的机会来规划，或者重新规划自己的工作和生活，让你不仅能够经济独立，还能以自己的方式获得成功。本书也会帮助你摆脱之前工作中产生的沮丧感，改变你之前一直对生活的妥协态度，让你丰富自己的生活，而不是一个劲儿地为老板赚钱。

尽管很多大众和商业书籍的观点是想要获得互联网事业的成功，你或者是一名技术达人，或者在名校念过 MBA（工商管理硕士）课

程，具有丰富的商业知识。但是我认为对于建立一种能够为你带来收入的“自流量生活方式”（Internet Lifestyle Business）来说，你已经具备了一定的基础，即拥有实际生活的经验以及了解自己的兴趣所在。

我知道我的语气或许给你一种可以“一夜暴富”的感觉，但其实不是。你一方面要努力，另一方面还要学会充分利用互联网这个工具，才能取得成功。我已经找到了这种生活方式，也让自己获得了经济上的成功，所以本书的目的在于帮助你找到属于自己的生活方式。如同我之前的书《互联网富翁》（*Internet Riches*）以及《互联网富翁 2.0》（*e-Riches* 2.0），这本书中也有大量的真实案例以及我在经营自己的事业时曾经用过的策略和方法。

在这本书中，我将通过以下几个部分跟你分享我的经验：

第一部分：明确自己最渴望的生活方式和目标，并将它们纳入自己的事业规划中。

第二部分：找到自流量生活方式商业模式背后的颠覆性规则，并对其加以利用。同时，你也要在短时间内快速成为互联网某个领域的专家。

第三部分和第四部分：你会了解到一些具体的成功案例，这些案例的主角已经在享受自己百万富翁的生活。他们中的很多人创造了可赢利的新产品并自己提供服务，其他人则是通过向用户提供增值或特约服务获得了事业的成功。

第五部分：针对某个小众市场，根据自己的生活经验和个人兴趣，找到赢利机会。

第六部分：学会用最低的成本简单、快速地建立一家网站，并能迅速吸引用户。

第七部分：为实现自己的梦想制定行动方案和具体策略，选择适合自己的小众市场，然后就可以开启创业之路了。

为什么我能给读者提供建议呢

我出生在美国一个中产阶级家庭，从小在底特律长大。这个城市位于内陆地区，不仅穷，还很危险，但我通过自己的努力成了一名百万富翁。我自己赚钱完成了在密歇根大学和斯坦福法学院的课程，我既不是富二代，家里也没有关系可用，我完全凭着自己的努力找到了工作。我在华尔街获得了人生第一桶金，但是25岁那年我就辞职了，在南太平洋附近的一个小岛上开始了自己类似退休的生活。当我厌倦了那里的惬意生活之后，又去了硅谷和好莱坞工作，在那里也取得了一定的成功，并在线上经营方面获得了一定的专业知识。在我看来，后者是一项高盈利、前沿性的事业。

现在我可以随意支配自己的时间，所以我也想帮助你取得成功。这本书中有很多我个人的故事和观点，如果给你一种我在做自我营销的感觉的话，那我先对你致以歉意。我个人认为只有把我自己的案例讲述出来，才能跟你分享我内心对于互联网创业的热情。写出我自己的故事，也是为了让你在通往成功的道路上吸取我的经验和教训，少走弯路。我除了是一个非常活跃的创业者之外，还是咨询顾问和投资者，我有十几个不同的网站，每个都为我赚到了不少钱。

读者朋友们可以通过YouTube、推特(Twitter)、谷歌+(Google+)、脸书（Facebook）等社交媒体以及我个人的网站对我进行进一步的了解，看过之后你就会知道，我会对自己所言负责，我想让你们知道，我写的都是自己曾经做过的事情，而不是编撰的故事！

这些经验在创业过程中曾经帮助我取得了一定的成功

在文中提及的各种在线资源库里，我认为资源最为丰富的是www. ClickMillionaires. com，这个网络平台的用户都是想要打造自流量生活的创业者，我们会给他们提供最友好、最有帮助的建议。这家网站上有我写的博客，我最近的播客节目实录，最新视频等。同时，你在这里也可以认识来自世界各地的已经成为百万富翁的朋友。快来加入我们这个大家庭吧！欢迎你也来经营一份符合商业规范、能够充实自我的在线事业，与我们一起用自己的方式重新定义成功，同时也能帮助其他人获得成功。

新的人生梦想

在互联网时代，工作并不意味着要勉强自己坐在办公室里，其实坐在其他地方可能更好。在家办公也能经营一份成功的事业，这意味着你能够更加享受自己的工作，有更多的时间陪伴家人，做喜欢的事情，同时还能够将自己的成功分享给其他人。

读完这本书并不能让你立刻赚到100万美元，但是会让你知道如何像我一样规划自己的工作和生活。我希望本书能得到你的好评，因为我知道它的确能够帮助你过得更好。

我非常欢迎你给我反馈、给我建议，或者向我提出问题，例如除了本书的内容，你还想了解哪些方面的问题？读完本书后，你还想进一步了解哪些经营技巧、方法和策略？在了解了新的领域之后，你的下一步计划是什么？我如何能帮助你获得成功？让我们来帮助你创造充实而又富足的生活，让你工作更少，生活更好，为自己拥有的新人生感到自豪！

目录

第一部分 为了成功，重新设计你的生活方式

第二部分 自流量生活体系

第三部分 目前最好的自流量生活方式

第一部分

为了成功，重新设计你的生活方式

第1章 工作更少，生活更好

参加老鼠赛跑的问题在于,即使你赢了,也还是一只老鼠。

——美国喜剧演员莉莉·汤姆林(Lily Tomlin)

我相信一定有办法让你脱离残酷的职场竞争

难道你不认为自己一定有办法脱离残酷的职场竞争吗？你是不是已经厌倦了自己的工作、同事，不再满足于低薪水以及充满不确定性的晋升空间？你真的认为再换个工作就会轻松很多吗？如果你在工作的这些年里，一如既往地购买奢侈品，时常度假，给孩子买玩不完的玩具，那么你退休后的生活会很轻松吗？会有足够的钱吗?

你可能会想，在公司里找到一份工作，然后赚钱，生活就会有保障。其实我之前也这样想，但遗憾的是，与其说白领工作是一张终生饭票，倒不如说是一个“傻瓜赚钱”计划。你人生中的大部分时间都坐在办公室里为公司赚钱，但是你没有意识到，你的工作收入并不稳定，随时都有被解雇的风险，医疗保险的覆盖范围也不大，并不能保证你退休后能享受舒适的生活。尤为可悲的是，没有人会关心你是否赚到了足够的钱，工作是否让你感到充实，只有自己才会关心自己。每天上下班所花费的时间，和不喜欢的同事待在一起——如果不是因为工作，你可能根本不会与他们接触，接受那些根本不懂客户需求的老板下达的命令，再加上随时有被解雇的风险，这就不奇怪为什么越来越多的公司雇员感觉自己是在参加老鼠赛跑了，他们想要摆脱却又摆脱不了这样的生活。

工作并不只是为了赚钱，而是要享受生活

如果敢于挑战传统看法，对人的一生中什么最重要这个问题的答案提出疑问，你就会发现对于工作和生活这二者的平衡问题，的确是有答案的。你不一定要在赚钱或是升职之后才能享受生活，因为阻碍你幸福生活的关键是你自己。你害怕失业，所以舍不得放弃令人讨厌的工作。现在，你有了一个机会来重新规划自己的生活，让工作以自己的兴趣为主导，用自己的方式来定义成功，做到工作、生活两不误。线上经营就能够帮你实现这个目标！这种生活方式不需要太多资金投入，也不需要太多技术培训，它的成功不仅可以帮助你赚钱养家，还能让你实现人生目标。

线上经营能够让你平衡自己的生活，用自己的方式重新定义成功。这种商业模式让你的人生目标不再只局限于赚钱，而是有勇气去发现人生成功的定义，它不是指赚了多少钱，买了几辆限量车，或是拥有多少件奢侈品，而是让自己生活的灵活性有所增加，创造力有所提升，感觉更加幸福。但在通往成功的道路上，仅有动力和意愿是远远不够的，你需要切实的建议和方法。是否能够将这些建议和方法融入你的商业计划中，将决定你是停留在“希望自己成功”的层面上，还是已经“获得了”成功。

我希望本书能够给你提供一些建议，从而帮助你制定出一个完美的商业规划。

本书与众不同之处

要想借助互联网赢利，很多人都会说只要提高网站流量就行，其实不是这样的，这些都是小把戏，根本不能长期获利。通过提高付费广告点击量、优化搜索引擎，或通过 YouTube、推特、脸书、谷歌 +、应用程序、广告植入、软件载入等方式提高网站流量，只能为你带来微不足道的优势。

提高网站流量的确会起到一定作用，但并不会长久有效。假如有一天，一个网上所谓的营销“大师”向你兜售他最新发明的引流方式，你可能会发现每个人都在用这种方法，而竞争性市场并没有太大的盈利空间。

短期内，你虽然可以利用市场漏洞来维持自己的事业，但这并不是长久之计，更不能让你成为互联网时代的百万富翁。

所以，本书不会教你所有人都知道的创业秘密，即通过发布视频、开发引人注目的应用程序后一夜爆红，或利用搜索关键词工具中的点击付费广告推广联合营销来取得短暂的成功。

我们也不会教你通过不停研发新产品来赚钱，即做一款能够一夜爆红的产品，很快被市场淘汰之后再做一款类似产品。本书的目的是帮你建立一份属于自己的事业，使其成为你人生中重要的一部分，让你因为这份事业而感到骄傲和自豪。

同时，本书也会帮助你用自己的方式定义成功，让你能够围绕人生中最重要的事情重新规划自己的生活。以互联网为基础的商业经营可以支持你的这种自在生活，可以让你在经济上获得独立，能够发挥自己的创造性，还能够自由规划时间。传统上认为只有真正的百万富翁才能过上自由自在的生活，而现在，你就可以做到。

我们的目的是帮你建立一种工作和生活兼得的生活方式，不仅让你获得经济上的独立，还能让你的人生变得更有意义。

事业可以如你自己一样，在这世上独一无二

在创业方面，我期望你能够创造出一些新的东西，你的这份事业必须是原创的、独一无二的，而且你自己必须是这个行业的专家。这份事业的意义不在于是否能够让你网站的点击率提高0.01%，而在于它能直击一些小众市场，保证你提供的产品能使这个市场上的受众需求得到完全满足。我很愿意帮助你去挖掘符合你的小众市场，帮助你建立一份可以让自己满意的事业。这份事业不仅能给你带来长期的利润，还会让你觉得非常有意义。

你可以从以下几个方面找到符合自身特点的小众市场，比如：

- 你是否有自己的独特经历？如果有人遇到跟你同样的问题，他们可以直接参考你的经验吗？
- 如果你对某个事物很有兴趣，或者有一些专业技能，是否可以尝试着在网上给其他有着相同兴趣的人提供相关建议？
- 尝试着把你的经历、技能记录下来，然后将其设计成实物产品或者信息型产品的形式，如果有人需要，你就可以将它们用低成本、合乎商业规范的形式发送出去。当拥有了一批忠实用户之后，你的事业不就开始赢利了吗？

我在无数个领域都尝试过这种方法，有些甚至是“业内专家”和调查研究都认为已经饱和了的市场，包括大家公认的最具竞争力的互联网营销市场。如果你自己不确定，我们可以一起来对你选择的市场进行检测，看看它是否与众不同、有盈利空间，以及是否能帮助你获得成功。

什么是“自流量生活”

自流量生活是指当你在经营事业时，将自己的生活方式放在首位，而非企业成长和利润增加。

这是一份真正属于你的事业，不仅能让你赚到钱，还能让你享受生活。这份事业的投资风险不高，成本也低，它会让你感受到什么是“只要一台笔记本就能办公”，最后还能帮助你脱离打工仔的生活。除此之外，自流量生活还能够让你跟志同道合的人在一起做自己喜欢的事情，赚多少钱不是重点，关键是你可以真正做自己人生的主人。

听我说了这么多，或许你现在想开始这份事业，不过还在纠结自己到底有没有能力，或者怀疑让你感兴趣的那个小众市场是否符合 MBA 教材中定义的可赢利市场的标准。不过你要知道，大部分商业课程（或是商学院）教给你的都是怎样在公司工作，或者怎样经营一家企业，并不是怎样才能更幸福地生活。自流量生活的重点在于享受自己的生活，或者说至少把享受生活和经营事业放在同等重要的位置。这就意味着在经营这份事业时，你需要把自己的生活方式和爱好放在优先考虑的位置，甚至可以同时发展多条商业链，这个理论不同于在企业工作或者商学院给出的企业经营理论。毕竟，在自己想要什么样的生活这个问题上，有谁会比自己更有发言权呢？

由于我提倡的这种经营理念吸引不到风险投资，也不能使企业利润最大化或增加股权，让企业达到上市的目的，因此很多商学院教授、经济学家和银行家对此都不屑一顾。但是没办法，我就是喜欢这样的事业。

毕竟，我的目标并不是为了成为一名坐拥百万财产的富翁。如果有一份事业，能够让你在自己喜欢的领域赚到6位数的薪水，需要的成本很少，没有同事之间的明争暗斗，不会面临经营困难的挑战，还能让你随意掌控自己的时间，你是不是会很开心？而且这份事业还能够通过免费的网络销售和自动在线营销，成长为一个利润空间更大的事业。

在这里，我要对商学院的教授们说句抱歉了：你们对于成功的传统定义并不适用于我所提出的自流量生活。

很多大公司的经营目标就是赚钱，而且很多有抱负的员工都愿意在这些大公司里工作。但据我所知，迫于大公司里的压力，现在很多行业翘楚都愿意降薪到那些压力不大的地方工作。

“大”一度是商业人士的目标和要求，因为只有把企业做大，才能号召更多的人为自己做事。员工多了之后才能有所分工，有人负责向客户介绍产品、进行销售，有人负责行政工作，有人负责检查仓储、协调供货商，有人负责做产品推广等，但是网络推翻了这个概念。软件行业竞争激烈，最后生成了一个强大的以互联网为依托的在线系统，初创企业或者小公司每个月只需要花费几美元就可以使用互联网上的资源，出版、销售、营销这些工作都可以在互联网上完成。现在单单一个在线购物车，功能就很齐全，它可以自动接收订单，在线直接销售，还能够自动跟踪物流。即使你正在度假、睡觉，网站也能进行自动营销。

所有这些都意味着“小”生意不再意味着影响小、覆盖范围小、销售规模小。实际上，自流量生活的营销模式完全是按照大公司的经营模式在做，只是省去了大公司多余的开支和不必要的麻烦。

就像蒂姆·费里斯（Tim Ferris）在其代表作《每周工作 4 小时》（*The 4-Hour Workweek*）中提到的，现在你可以在互联网上找到工作机会，发现新的项目，甚至可以按照自己的喜好成立新的公司。即使你没有商业背景，也没有培训经历，也可以按照自己的计划和兴趣爱好规划业务，而不是每天穿着同样的工作服，按时打卡，做同样的事情。在当今互联网时代，免费的网络、电话、视频、聊天软件和社交网络都可以帮助你工作，并不是每天准时出现在办公室里才算是真正的工作。

网络能够使项目工程和资本持续地融合在一起，从而减少你对公司薪水的依赖性。外包服务、虚拟助理、独立的项目承包、基于网页的软件及服务工具、云计算等，所有这些业务的发展都使得资本持续流动，为小公司发展业务提供了机会，这就让你不必一辈子都待在公司里面工作，然后坐等退休。

自流量生活是怎样的

我这里提到的自流量生活并不是一个可以快速致富的捷径。自流量生活的概念侧重于建立一份灵活而又可以赚钱的生活式线上经营，它能够让你把生活放在第一位。以下是我对“自流量生活创业者”的理解：

他们会运用网站、电子商务、电子出版以及社交媒体来建立一份基于互联网的、可赢利的生活式经营，在网上跟来自世界各地的人分享自己的观点、推广自己的产品。他们对于工作的控制力、个体的独立性、制订计划的灵活性，以及工作带给他们的满足感达到了空前的高度。

传统的人生梦想侧重于强调个人财富的获得，一个人只有真正成为百万富翁才能掌控自己，买想买的东西，过想要的生活。但现在“自流量生活创业者”指的是某个人从自己的事业中得到的不仅是钱，还包括独立、安全感以及自信，这些曾被认为只有有钱人才会有的感受，现在只要你拥有一份自流量生活就可以得到。综上所述，对于互联网时代的创业者们来说，赚钱固然重要，但这并不是人生的唯一目标。赚大钱并不是人生旅程的终点，而是享受人生每一段旅程的助力所在。

要想成为一名自流量生活创业者，我建议你应该做到以下几点：

- 不管你自己如何定义更好的生活，都不要把人生目标局限于此。
- 围绕对你和家庭非常重要的东西来重新规划自己的人生，而不是每天加班工作，帮助老板实现他的人生规划。
- 重新安排自己的工作，让自己的努力有所回报，不要在你挣扎着还贷款时，老板却在用你努力赚到的钱买车或是度假。

我敢打赌，如果你能重新规划自己的人生，把重点放在个人幸福感的获得方面，在做到幸福生活的同时，还能跟他人分享自己的成果，那么即使你没有成为一名真正的百万富翁，也会感到非常满足。为什么呢？因为你已经生活幸福，不再奢求更多，并且很享受自己目前的状态。

不要放弃工作——要学会享受工作

以上所说的这些并不意味着你要马上放弃工作或者消极工作，相反，我的意思是在维持现有工作的情况下，你可以把自流量生活当成一项副业来做，逐渐建立自己的小众市场，让这份事业尽量通过自动运营的方式来获得收益。当经营了一段时间之后，你就可以把这份事业逐渐做大，增加收入，为你的生活买单。

如果一个月多赚 500 美元，你的生活应该会过得更好吧？那如果多赚 1 500 美元或者 5 000 美元岂不是更好？大多数职业规划师在给你制定目标时，都会跳过一些比较实际的数字，直接向你许诺说可以多赚上百万美元，但是自流量生活创业者都是现实主义者，他们想要的不是快速致富的方法，而是希望通过个人努力，聪明的营销手段以及个人的创造性，获得创业机会，增加收益。他们投入自己的时间就是想要建立一份可赢利的事业，从而每天在工作之余还能享受生活，而不是只有在周末或是休年假时才能享受生活。

每个人都觉得，既然自己已经付出了时间，就应该得到相应的回报。自流量生活创业者的不同之处在于希望淘汰“用时间换钱”的观念，虽然这种观念主宰着大多数人的工作和生活。自流量生活会让你不再只是为别人工作，而是为自己生活，做到把自己的时间和计划作为一切工作的前提，因为没有人会比自己更重视自己。如果你决定花时间做项目，那么你不仅要得到回报，而且要得到更好的回报。

作为一名自流量生活创业者，你的成功不能止步于获得经济上的成就感。你会希望把时间用在自己喜欢的工作上，一边工作，一边还能享受生活。但大多数情况下，享受生活的前提是你要有足够的钱养活自己，或者在工作量减少之后才有时间来享受生活。许多自流量生活创业者的目标是不仅做自己喜欢的工作，还可以赚钱，即使不工作也能赚钱！

我知道这个观点听上去似乎让人觉得我是在夸海口，或者太过于疯狂，但是我个人确实已经达到了这个目标。从这本书中你可以读到很多成功案例，你也可以将这些案例运用到自己的生活中，让自己也成为他们中的一员。

我们可以共同制订一个计划，帮助你重新规划人生，让你不再忙着给老板赚钱，而是让自己拥有富足的生活，当然这种生活不可能一蹴而就。我们可以共同探索适合你的电子商务模式，研究是通过电邮还是博文发送内容，还是通过博文，或者是建立在线社区，制作播客节目、在线视频或者采用联合营销等手段。在创业的初期阶段，这些电子商务方式你都可以放心地使用，因为它们的作用很明显，成本也较低。不过如果你觉得这些都过于专业，害怕自己无法掌握，那也没关系，因为在本书里，我会用简单、朴实的语言将这些在线经营模式解释给你听，希望它们能够帮助你取得像我一样的成功。

既然已经了解了这么多，那么究竟该如何重新规划你的生活，开启创业之路呢？接着读下去，我会给你答案。

第2章 对比个人热情和工作收益：确定个人生活目标

上学的时候，老师问我长大后的理想是什么？我的答案是“快乐”。他们说我没理解题目的内容，我觉得是他们不懂生活。

——英国音乐家约翰·温斯顿·列侬（John Winston Lennon）

规划生活意味着你可以按照自己的方式来安排工作和生活，活在一个自己选择的世界里。现在你可以根据自己的兴趣、爱好或者感兴趣的业务，通过互联网打理自己的事业。与之前相比，现在你需要考虑的要素大大减少，不用担心公司离家太远，赚到的钱够不够多，同事关系如何处理，以及该怎么看老板脸色行事。

我认为生活的意义就在于能够准时参加孩子的家长会，每周有固定的健身时间，能够随时跟朋友相聚，或是有时间照顾生病的亲人，而不是每个月准时参加公司的员工会议，又签了一个订单，或是在限期内完成了最后10%的季度生产任务。但在这里我的意思并不是说读者都不要去工作，而是提倡要做一份自己喜欢的工作，这份工作不仅能够帮你赚钱，支付日常开支，更重要的是还能够让你获得更大的独立性，充分发挥自身的创造力，自由地规划日常生活。

但遗憾的是，很多人丧失了自己的主动性，习惯于一直寻求别人的意见，不管什么时候都听从权威人士的命令，上学的时候老师要求你上课要坐得端端正正，并及时回答他们提出的问题；父母要求你晚上要准时回家；邻居会希望你平时处事风格能跟他们家一致；老板会对你的工作吹毛求疵，要求你上班要准时，工作要积极。

想象一下，如果你能够不再一味地向别人寻求意见，而是开始过自己的生活，按照自己的意愿行事会怎么样呢？如果你能够掌握主动，自己去创造一个不仅能够赚大钱，还能够自由生活的未来，你是否会开始行动呢？

自流量生活的目标

如果你决定根据自己的兴趣开始一项事业，那么你就给了自己一个追求理想的光明正大的理由，这就意味着你可以围绕自己的爱好做自己喜欢的工作，跟志同道合的人共事，做自己喜欢的产品。

开始自流量生活之后，至少在以下几个方面你可以完全自己做主：

- 在家办公。
- 穿让自己舒服的衣服，而不是为了给别人留下印象穿套装。
- 不用每天挤地铁上下班。
- 随时跟家人去度假，不用向老板请假，也不必跟同事交接工作。
- 有时间跟爱人相处，照顾家人。
- 只要带着笔记本电脑，在任何地方都能办公。
- 有足够的时间来照顾孩子，准时参加亲子运动会或者家长会。

- 可以像候鸟一样，随时迁徙到自己喜欢的地方。
- 重拾自己的兴趣，学习一种乐器，学会画画，开始一项运动课程。
- 根据自己的喜好装扮办公室。
- 每天健身，在天气好的时候去沙滩度假。
- 成为生活的主人，实现个人人生价值。

如果以上所说的这些都能实现，你的生活方式从此改变，生活将会多么充实和有趣啊！

开始自流量生活的意义就是要掌控自己的人生！

工作热情和个人收益之间的平衡

虽说有钱总比没钱好，但是我敢打赌，赚到足够的钱并不是你所希望的成功。拥有相对独立的生活空间，令人满意的工作，足够灵活的工作时间，与他人共事的机会，甚至是成为自己的老板，这些都可以用来定义人生的成功，关键在于你如何选择，我认为你肯定不会用钱来衡量自己是否获得了成功。

你真正需要的是平衡工作和生活，但这一点很难做到。有些人太过执着于自己对工作的热情，有些人则只考虑赚钱。

世上的很多人（可能也包括你）都会发现自己在规划职业生涯的时候，经常会莫名地陷入一个死循环（如图 2. 1 所示），这就是所谓的“成为金钱的奴隶”，也就是说你每天要花很长时间来做自己不喜欢的事情，还赚不到足够的钱，不能获得成功。

即使你对工作投入了极大的热情，可能也无法得到足够的金钱

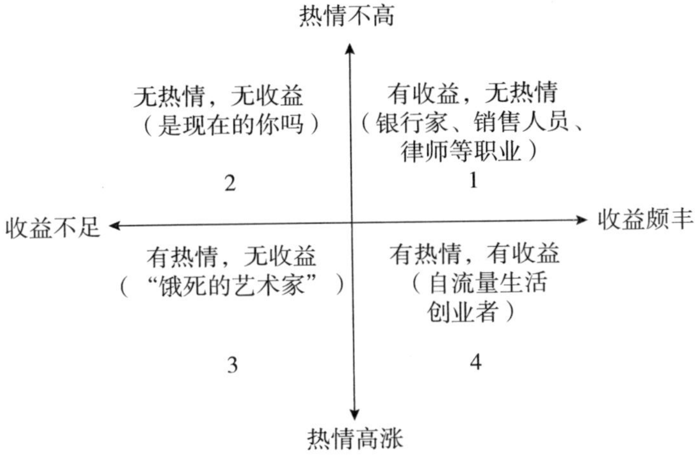

图 2.1　职业生涯象限图

回报，这时你处于图 2.1 中的第三象限，即可能成为一名“饿死的艺术家”，这类人通常都热衷于埋头做自己喜欢的事情，却忽略了自己的财产状况，最后有可能会破产。

与之对应的则是处于第一象限的人，这类人工作的动力就是赚钱。他们赚了很多钱，有可能是数不清的钱，但是生活方式单一，去公司上班就是他们全部的生活。这群人中很大一部分是银行家、销售人员，或是律师等工作狂，他们将生活重心全部放在工作上，目的就是为了赚钱。

所以，我想帮助你建立一份自己的事业，帮助你在工作热情和个人收益之间达到平衡。自流量生活意味着你不仅能够获得足够多的收益，还能过上自己想要的生活。

这就是说我要帮助你处于图 2.1 中的第四象限。此时，你成为自流量生活创业者，对工作极具热情，同时还能得到相应的金钱回报。

自流量生活创业者的时间投资思维

要想成为一名成功的自流量生活创业者，第一步就是要清楚地认识到时间的价值。时间掌握在自己手里，你要将自己的时间过得有价值，而不要白白浪费。即使每周忙完了自己该做的工作之后只剩短短几个小时，互联网也会帮你充分利用这段时间。当然你可以在这段时间内上上网，玩手机游戏，看视频，但你也可以选择利用这段时间学习新的技能，交一些新朋友，学做商业合同，将自己的兴趣变成一份事业。

互联网全天 24 小时都可以使用，所以你可以把每天 10 ~ 15 分钟的空闲、周末时间以及孩子睡着之后的时间充分利用起来，一点点规划自己的生活。

拥有“投资”时间的观念，对于一名自流量生活创业者来说非常关键。现在即使你没有大把的时间，也没有很多钱，仍然可以制定一个长期目标，重新规划自己的生活。时间久了之后，你还可以修改自己的目标，建立一份属于自己的线上商业，改善自己的生活状况。

在现实生活中，人们经常用幸福指数来衡量一个人是否成功，而不是用某人买了多少股票，赚了多少钱。同时，衡量一个人是否成功的因素还包括有没有属于自己的时间，是否有时间陪伴家人和朋友，工作是否顺利，有没有多余的钱能够偶尔享受一下奢侈的生活，是否能够善待穷人等。

3 种生活方式的对比

表 2. 1 显示了 3 种不同的生活方式，这 3 种生活方式分别是为别人工作、自己创建实体公司、自流量生活。

表 2.1　3 种不同的生活方式

为别人工作	自己创建实体公司	自流量生活
• 等着拿工资，上升空间小 • 管理层决定一切 • 每天乘坐交通工具上下班 • 需要开会 • 努力工作就是为了实现老板的目标 • 需要参加很多会议 • 赚到的钱都归公司 • 周末才有空闲时间 • 希望不被裁员 • 希望退休的时候能攒到足够多的钱 • 感到似乎不受命运眷顾	• 有想法，希望能开一家公司 • 开始向投资人融资 • 跟投资人共享经营权和管理权 • 雇用员工使公司规模尽快壮大 • 管理员工 • 花费大量资金租办公室、停车场、买家具以及为员工上保险 • 每天乘坐交通工具上下班 • 长时间的努力工作就是为了在公司被收购或者兼并的时候能给自己和投资人带来收益 • 能早点退休 • 不知道成功之后还能做什么 • 如果失败了还能从头再来	• 自己建立的事业不仅能满足个人兴趣还能享受生活 • 自己赚钱投资 • 自己控制事业的所有步骤 • 关注事业是否赢利以及如何享受生活，而不是追求规模增长 • 任意一个地方都可以是办公室 • 不用花费时间上下班 • 没有办公室装修的开支 • 不用开会 • 可以雇用自由职业者（成本比全职员工低） • 做自己喜欢的项目 • 跟志同道合的人一起工作 • 赚到的钱都归自己管理 • 立足于获得长期的幸福感，而不是追求营业额的增加 • 希望能跟他人分享自己的成功 • 热爱自己的工作，从来没想过退休
一般的生活方式	**较好的生活方式**	**理想的生活方式**

第3章 如何重新规划你的生活和事业

如果你没有自己的人生规划，机会就会被别人抢走。猜猜命运带给这样的你什么东西？答案是少得可怜。

——美国企业家、作家、演说家吉姆·罗恩（Jim Rohn）

自流量生活能取得多少利润，增长潜力如何以及能否吸引用户取决于你打算建立哪一种事业，以及个人制定的规划。

在最开始确立人生目标时，一定要优先考虑个人生活，并问自己3个问题：

- 你想如何度过每一天？
- 你最喜欢做什么？
- 你希望能为这个世界做出怎样的贡献？

如果以上3个问题你已经有了答案，那么你需要做一件痛苦的事，那就是为了实现人生目标，确定目前的生活哪些方面需要改变。虽然人们总是乐于考虑那些积极向上、有意思的事情，但在工作和生活中，有时消极的事情是要放在首位的。所以，你要调整自己的生活，为将要发生的改变做好准备，或是停止做你目前认为重要的事情，去尝试一下新事物。

那么，你目前的生活将怎样过渡到改变后的生活呢？

选择你想要的生活

如今，我们处在一个非常自由的年代，每个人都可以用自己的方式来规划生活。退回到 20 世纪，你不得不在公司循规蹈矩地工作，因为公司会优先考虑自身的需求和利益，不会顾及每个员工，它们要求你遵守规章制度，遵循公司的发展规划，接受公司的监督，不能因为自己的薪水与公司讨价还价，工作也不能有丝毫的偏差。

现在这些都不再重要，我知道你一直以来的观念就是工作时不要把个人得失放在首位，这非常“不专业”，但是如果自己创业当老板的话，完全可以自己决定什么才是“专业”。

你可以利用空闲或者下班时间来想想自己的兴趣爱好，问问自己，下班后一般都做些什么呢？不要浪费自己的时间，时间对每个人都是公平的，因为每个人每天都有 24 小时，每周都有 7 天的时间，但是不同的人对于时间的利用率不同，所以用空闲时间做的事情也有所不同。

试着重新规划自己的时间，你可以将时间用在很多事情上，不管是获得物质财富还是精神上的满足，都会使你得到一定的回报。利用空闲时间，你可以认真地培养一种爱好，从事一项娱乐活动，挑选一本自己喜欢的书，也可以更加认真地对待朋友间的关系。

尽管工作和家庭责任会把你的生活限制在某个时间段或者是某个地方，但是互联网能够让你随时随地与世界沟通。你只需要点击鼠标或敲敲键盘，就能随时与世界各地的人沟通。互联网降低了人际交往的成本，使得创业成本也随之下降。

有效利用自己的空闲时间

你打算如何有效地利用自己的空闲时间实现生活目标呢？当然是从上网开始。比如刚开始每天只能抽出 10 分钟，那么就利用这 10 分钟有目的地上网，查找你想要建立的事业在市场上的地位，浏览与其相关的网页，跟相关人士多多交流。如果你能每天利用这 10 分钟学习海洋生物学，或者跟意大利厨师讨论一下做菜的学问，抑或学习计算机编程，或许你就会离自己的目标更近一步。康妮·梅特勒（Connie Mettler）曾经说过："如果能坚持把小沙粒逐渐堆积起来，那么你很快就会有一座城堡。"她就是通过建立自己的在线事业成了一名自流量生活创业者，她的网站主要跟艺术展览有关。

如果你还不能很好地理解如何充分利用时间实现自己的目标，那我就来举个例子吧，比如你的梦想是学会法语，能经常去巴黎旅行，甚至以后还想在巴黎定居，但你现在可能只是阿尔布开克（Albuquerque，美国新墨西哥州的一个城市）7－11 便利店的一个店员，或者是明尼阿波利斯（美国明尼苏达州东南部的一个城市）一家公司的小职员。你对现在的生活很不满意，希望提升自己的生活品质，梦想着有一天能说一口流利的法语，还能在那儿定居。那么如何实现这个梦想呢？

我知道你之所以还在打工，不去实现梦想是因为没有足够的钱能够让你放下工作，一走了之，但是你可以重新安排自己的时间，将它们用来做更有意义的事情，朝着自己梦想的生活前进。你可以每天下班后上网了解法国人的个性，他们的日常生活和法国文化，甚至可以是法国新出现的商机，而不是坐在沙发上玩《魔兽世界》

或是《开心农场》。你可以通过网络结识一些法国朋友，学习法语并了解法国人的生活方式，这些通过互联网都能做到。我现在所讲的并不是一套纯理论，即类似“只要用心想，奇迹一定会出现”的理论，而是一个很容易实现的目标，即“下班回家后打开电脑，找到与法国有关的网站”。

互联网可以让你过上一种完全不同的生活

很多法国人都生活在美国，世界上有很多会说英语的人，他们中也有很多人生活在法国，只要你愿意你就能通过互联网找到他们。你可以通过脸书，也可以通过博客、在线论坛等方式找到他们，相信那些关于法国的在线论坛会非常欢迎对法国感兴趣的你。YouTube上也有与法国相关的视频，你可以在线看，也可以下载到电脑上学习。

不管学法语是不是你的爱好，这只是我举的一个例子。你的梦想可能是获得跆拳道黑带，学做景观美化，翻新旧车，也有可能是做回收生意，或者是成为一名网络红人。

关键是只要你投入了一定的时间用心去做，你的梦想就能实现。所以从现在开始去互联网搜索一下，看看自己究竟想做什么，多多关注跟自己兴趣有关的博客、网站、论坛或者是在线视频，我敢打赌你肯定能在网上找到跟自己志同道合的人。

继续讲对法语感兴趣的例子吧，假如你通过几个月的在线浏览和网上参与，已经认识了一些会讲法语的朋友，开始向他们学习法语，能读一些简单的法语书籍，看一些在线法语视频，能跟论坛里的朋友用法语聊天，或许这些朋友中就有人生活在法国。

你可能会开始注意你的网友都是什么样的人，也开始关注他们推荐给你的产品或是他们自己在搜索的内容。你现在就可以建立一个关于法国的博客，做关于法国的系列视频，在社交网站上发布关于法国的信息，利用空闲时间做你法国朋友的在线助理，帮他们在网上找他们需要的东西（这些营销方式我在本书稍后章节会提到）。

保证自己的论坛账号或者其他的网络账号随时在线（通常社交网络的账号比较容易实现长时间在线），在网上找到一些跟你有共同爱好的法国朋友，这样你就会结识在法国居住的朋友。当你有了法国朋友之后，也有机会认识他们的朋友，这样就增加了你认识更多人的可能，你跟他们交流得越多，你的法语就会越好。什么样的人会去法国生活、工作，或者至少会去法国旅游呢？当然是有这些朋友的人，而现在你就是这个人！接下来你的法国朋友可能会邀请你到法国去见他们。

当你的法语越来越好时，你会交到更多的法国朋友，同时你也已经学习了法国文化，知道如何在线与法国朋友聊天。利用本书教给你的自流量生活的营销模式，再加上你个人独有的跨文化视角，你就可能发现一个与法国有关的小众市场，而这个市场是外行人看不到的。利用你的空闲时间以及法国朋友的支持，你就可以跟他们一起满足受众的需求，同时还能帮他们找到他们需要的信息、服务，或者是相关的产品，同时也能让自己赚到钱。

逐渐地，你自己也就成了一个生意人，同时也成了网上一个颇有名气的“法国通”，每天下班后你可以在线与网友交流，在生活中你也可以仿照法国人的生活方式，不用放弃正常的工作，也不用远离自己的家。

规划自己的生活

瞧！你现在已经过上了一种自己向往的生活，可以经常跟法国朋友出去聚聚，还能赚钱。在工作之外，你用自己的方式获得了成功。通过学习法语以及重新规划自己的生活，你开始了自己的自流量生活。

如果你真能做到有效利用时间，那么你就能创建自己喜欢的生活方式，也能选择自己想要的生活环境，这就是规划生活，用网络打开通往外面世界的大门，扩大你的眼界，满足你的需求。

是的，你可以根据自己想要在哪里生活以及过什么样的生活来改变周围的世界。每个人都可以选择自己的生活环境。你想要的是什么？通过互联网搜索，再加上自己对时间的有效利用，你很快就可以找到答案。这不是魔术的神奇作用，真正起作用的是你的内心。你迈着坚定的步伐，一步步地走了过来，你做到了！你对感兴趣的东西了解越多，参与的在线讨论越多，认识的人越多，发现的商机也就越多。

你或许会问，整个过程会持续多久呢？通过这种商业方式，可以获得多少的利润呢？我的回答是一切都由你投入的时间来决定。我的建议是把你的业余时间用在能实现你更大目标的活动上，而不要像有些人那样虚度光阴。我敢保证这种方法与躺在沙发上看电视、因为碌碌无为而内疚，或者向朋友抱怨相比，你的成功概率会更大。

更加充分地将时间用在自己喜欢的事情上，改变自己，重新规划生活，就能成就你梦想中的自流量生活。

第4章 自流量生活的准备工作

凡是能将生活过成一门艺术的大师，对于工作和休闲、灵魂和肉体、学习和娱乐以及爱情和信仰区分得并不明显。他们通常很难分清这些，仅仅是简单地做好自己的事情，然后让别人来判断他们究竟是在工作还是在娱乐。在他们自己看来，他们总是两者兼顾。

——美国小说家詹姆斯·米切纳（James Michener）

假如你已经成功地开始了自己的自流量生活，那么在你的理想中它会是一种怎样的生活方式呢？

想象一下你会过上什么样的生活，每天是否还需要坐地铁上班，住什么样的房子，开什么车，日常安排是怎样的？

为了获得理想中的生活，你需要对目前的生活做出哪些改变？对目前的生活，你比较满意的是哪些方面，哪些方面还可以继续提升？

在脑海中对目前生活中需要做出的改变进行排序，哪些是最容易实现的改变？哪些改变比较困难？如果一定要改变，需要努力克服哪些障碍？

做自己的老板最大的一个优点就是可以做自己喜欢的事，然后把剩下的外包出去，由此可以更好地享受生活和工作。

接下来要向你介绍的是实现自流量生活的第一步，这一步的目标是帮助你明确自己喜欢的人和事（包括不喜欢的!）。只有明确了自己的生活喜好和目标，你才能在重新规划自己的事业和生活时把它们放在首位，这样做不仅能够获得更高的收入，还能更灵活、更独立、更具创造性，对自己更满意，享受更多乐趣。

但是请牢记，只有当你把想法付诸实践时，它才会起到作用，空想是无用的。

开启自流量生活的秘密帮手——随身携带笔记本

既然已经踏出了实现自流量生活的第一步，那么你就要开始培养自己的分析能力，善于发现身边的商机。但凡事没那么顺利，就像灵感不会在你需要的时候来临，通常来说，伟大的灵感总是在不经意间降临：开车的时候、买东西的时候、洗澡的时候，或是深夜在你将睡未睡的时候。记录灵感最好的方式就是在其降临的时候马上记下。虽然并不是每一个灵感都能用得上，但将他们完整记录下来总没错，因为即使你当时认为自己绝对不会忘记，后来这些灵感也会随着自己的分心而逐渐淡去。

因此，要想实现自己的自流量生活，我推荐的第一个秘诀就是给自己准备一个笔记本，方便随时记录灵感。

我总是喜欢在床头柜上放一个笔记本，因为很多灵感都是在夜深人静时产生，早上起来我通常会发现笔记本已被我写满了潦草的字迹，那些都是新的生意点子，甚至还包括细节，这总会带给我惊喜，所以我建议你也这样做。记录灵感的笔记本不用很高级，一般的旧笔记本就可以，或者你想要比较专业的本子的话，也可以自行购买。不管买什么样的本子，你都要确保能随身携带。你也可以买个稍微大一点的放在办公桌上，车里或者是餐桌上（话说几年前，我老婆还给我买过一个防水的笔记本放在浴室，因为我发现我洗澡的时候，灵感总是不断涌现）。不过有时候实在不方便写字，你也可以用手机的语音备忘功能，或者给自己发送一条语音信息，但是别忘了在方便的时候将它们记录到你的笔记本里。因为只有将所有的灵感放在一个地方，你才能不时地拿出来翻阅一下，看看未来是否可以将其中的某几个点子付诸实践。

在稍后我所教的实际操作部分，如果我提到了要记录要点，你一定要记着把这个小本子拿出来，记录下我所教你的实际操作步骤，或者是写下你脑中随时迸发的灵感。

随着本书讲解的逐渐推进，你会发现如果你真的按照我说的去做，你的小本子上会记录各种灵感，或是小点子，它们也许就能够改变你的人生。

开启自流量生活第一步

为让你的规划之路顺利开启，请凭第一感觉迅速回答以下问题，一定要把答案写在我要求的笔记本上，方便日后使用。

收入期许：

- 你想要赚多少钱？
- 你每年实际需要花费多少钱？
- 如果在家办公的话，你的经济状况会有所改善吗？

如果你不再需要工作，那么你会把时间用于：

- 做这 5 件最想做的事（列出自己最想做的 5 件事）。
- 去这 5 个最想去的地方（列出自己最想去的 5 个地方）。

如果你的事业很成功，在线粉丝每年每人向你付费 100 美元，那你能回报给他们什么？

完成下面的填空：

你理想中的工作是：每天可以__________点起床，工作地点在__________。起床后，你会做__________开启美好的一天。之后，你会做__________。到该吃晚饭的时候，你这一天应该已经做完了________，________以及__________。你会和________，________以及__________这几个朋友一起工作。每天除了工作之外，在睡觉之前你也会留出部分时间做________，__________和__________，包括帮助__________做__________，__________以及__________这些事情。

关于你目前生活方式的问题：

- 你为什么住在现在的城市？你希望改变自己居住的地方吗？
- 你觉得目前的生活和工作中哪些方面是你想要改变的？
- 你觉得目前你生活中的哪些习惯已经过时了，或者哪些技能在当今社会已不再需要？
- 生活中哪些自我挑剔和自我怀疑对你来说是不公平的，或者不符合你目前表现出来的潜力？
- 童年留下的阴影或是过去的某些事情对你现在的生活会有影响吗？这些影响有没有反映在你现在的行为上？

- 如何重新规划自己的生活才能够解决目前存在的问题？如何提高幸福指数呢？

针对建立自流量生活第一步中提出的每个问题，你都可以写下多个答案，把它们记在笔记本上，不时拿出来翻看一下。写下的目标越多，当你对生活进行规划的时候，要处理的问题也就更多。

确定生活目标

即使在线事业会让你变得忙碌，还是要抽出时间来安排自己的日程，规划生活，毕竟你才是生活的主人。下面我会列出一些例子供你参考，希望能帮助你将自己的想法具体化，以便转化为行动。你可以将下面列出的任意一条规划到你的新事业中，从而提高你的生活质量。

- 我想每天晚睡一会儿。
- 我想过个暑假。
- 我想花更多（或者更少）时间去旅行。
- 我想每天早上能送孩子去学校。
- 我想在__________大学获得学位。
- 我想养一匹马。
- 我要减掉 45 斤体重。
- 我想每天至少抽出一个小时来练习曲棍球。
- 我想学意大利语。
- 我想每个月至少有一次可以去教堂的厨房做义工。

- 我想上班的时候可以不用穿正装。
- 我想自己选择与谁共事。
- 我不想再做__________这类工作。
- 我想让自己的上下班时间减半，不再花费太多时间在路上。
- 我想通过工作能认识更多的人。
- 我想在自己的工作中能够去更多好玩儿的地方（也可以是吃到更多好吃的东西，能够潜水，可以收集古董瓶，或者是能够帮助老人等）。
- 我想每周四都能空出时间来整理自己的草坪。

开启自流量生活第二步

列出你最喜欢的：

- 5 个爱好。
- 5 种工作或是 5 项与工作相关的活动。
- 5 个地方。
- 5 个项目。
- 5 类人。

在你的生活中，你希望：

- 多参与 5 项娱乐活动。
- 多参与 5 种与工作相关的活动。
- 得到 5 种自己想要的东西。

在你的生活中，你希望：

- 少参与 5 种与目前工作相关的活动。
- 少参与 5 种现阶段的活动。
- 少接触 5 种类型的人。

短期目标：

在接下来的 6 个月里，你想对生活中的________、________、________、________、________这 5 个方面做出一些改变。

长期目标：

在接下来的 2 年里，你最想改变的 5 个方面是__________、__________、__________、__________、__________。

实现自流量生活后可以获得的其他福利

有了自己的自流量生活之后，你所从事的工作可能是之前自己愿意花钱做的事情，而现在，不仅不用花钱，还能通过这份事业赚钱。在寻找到商机之后，你的部分“工作”可能是还要继续寻找商机，在自己感兴趣的领域不断积累人脉。在这个过程中你可能会得到很多额外福利，比如个人声望会提升，在生活中也会获得更多的惊喜。例如：

- 希德·克莱斯（Sid Kreis）创建了网站 Seyberts. com，主要是为台球爱好者提供相关信息，以及销售一些台球用品。除此之外，他还经常与自己的偶像，也是世界顶尖的台球运动员一起出游。

- 康妮·梅特勒，网站 ArtFairInsiders. com 和 ArtFairCalendar. com 的创建者。她现在在艺术展方面已经成为一名专家，展会上经常有想要给她的网站捐资的艺术爱好者。
- 彼得森（Peterson），网络广播节目 NTS 在线的创办人，他现在每年都会召开一次广播节目行业的大会，嘉宾都是一些名人。
- 罗伯·拉德洛（Rob Ludlow），网上论坛“后院鸡场”（BackyardChickens. com）的创办者；贝蒂·特斯克（Betty Thesky）在线播客 BettyintheSkywithaSuitcase. com 的创办者，他们都收到了出版社的出书邀请，希望他们与全世界的读者朋友分享成功经验。
- 我自己会经常受邀参加一些电视和广播节目，创业机构和公司也经常会给我买机票邀请我跟他们分享创业经验和策略，或者是在他们举办的活动上发言。

如果在规划事业的时候就把这部分额外福利包括在内，那么这些令人愉悦的活动都可以作为你的“生意”的一部分。

你希望获得哪些福利呢？包括以下几项吗？

- 获得一定的口碑。
- 可以提前免费看到自己喜欢的新品。
- 免费参加会议。
- 可以参加贵宾才能参与的小型聚会。
- 别人引用你的话时，前面会加上某某专家说。
- 建立自己的品牌，销售自己品牌的产品。

- 收到粉丝来信。
- 接到出书邀请。
- 做自己喜欢的慈善事业。

在看以上清单时，别忘了在笔记本上写下自己的清单！

开启自流量生活第三步

现在你已经明确了生活中最重要的方面，下面是进行生活规划的几个步骤，可以帮助你制订出适合自己的行动方案。

头脑风暴：基于你已经完成的第一步和第二步，进行头脑风暴，详细列出在生活和工作中遇到的20件喜欢的事情以及20件不喜欢的事情。对你来说，这可能是个挑战，但是却能强迫你进行深入思考。

开始排序：把你头脑风暴得出的20件喜欢的事情按照重要性排列，把最喜欢的或是最想保留的排在前面；然后把自己不喜欢的事情也按照最不喜欢，或者最想改变的顺序进行排列。

做出选择：在你的“喜欢”清单中，哪一条是你最渴望，也是目前最容易实现的愿望？举个例子，如果你列出了两个，一个是希望自己能变高，一个是搬到湖边居住，那就选择搬到湖边居住那一个，因为如果你现在已经成年，几乎不可能再长高了，所以要试着划掉清单上再怎么努力也实现不了的愿望。同时也看看自己的“不喜欢”清单，用同样的方法选出目前最有可能避免或者最容易改变的事情。

综合评估，重新排序：把你最期待同时也最容易实现的10件事情和比较重要、但是你不喜欢的 10 件易改变的事情重新整合成一个清单。将这个清单按照重要性和优先性重新排列，去掉排在后面的 10 项，剩下的你最喜欢以及最不喜欢的 10 件事，即你目前生活中最渴望改变的事情，并且这些改变是可以实现的。

搁置清单：清单列好之后先搁置一旁，过一两天或者一周再重新看一遍。

再次评估：再看一下这 10 件你最想做出改变的事情，现在你的心中还认可它们吗？你是否漏掉了哪一件事情呢？有其他你觉得更为重要的事情吗？之后把这个清单重新排序，把你认为最容易实现的改变或是最重要的事情排在前面，形成最终的清单。

如果你真的按照我的要求做完了全部工作，那么新的人生规划就快完成了，我将这个清单称之为“人生规划清单。”

开启自流量生活的秘密：你不用一个人奋斗

改变自己原有的生活方式需要勇气，而且可能会需要很长时间。所以如果有人相伴，这个过程会更容易实现。在你对人生做出新的规划时，或者要对人生做出某些改变时，最好能够找到可以无条件支持你的朋友或是亲人。在做出人生规划时，如果有人能够从他们的角度给你一些反馈，会更有利于你明确和实现目标。

很多人不愿意跟同事讨论自己的个人规划或者是商业计划，因为担心自己的创业念头会被老板发现。还有一些人愿意将自己的计划讲给朋友听，但是可能有时候你的朋友没有一定的商业背景，并不能给你提供很好的建议。

如果我上面提到的这两种情形正是你现在遇到的困境，那么我建议你可以上 ClickMillionaires. com 这个网站来找到跟你志同道合的人。我建立这家网站的初衷就是为了给像你一样处于创业初期的年轻人一些帮助，同时也能促使你去帮助更多的人。我每天都在线帮助别人解答疑惑，回答年轻创业者提出的问题，这些问题或许也是你最想问的，所以经常来网站看看，或许你就能得到答案。

人生规划清单

现在，你已经知道了自己对目前的生活哪些方面满意，哪些方面不满意，也知道了自己人生中的哪些改变意义重大，是到总结的时间了，根据你的人生规划清单，可以得出以下问题的答案：

- 你的日常生活中哪些事情最重要？
- 你认为在日常生活中，做哪些事情、哪些项目或是跟哪类人接触会让你觉得人生很成功？

把自己的答案进行排序，这就是你最终的人生规划清单。把越多你喜欢的活动纳入自流量生活中，你就会越快乐。

在本书的第二部分，我会为你介绍一些网上比较流行或者你很快就能接触的商业机会。在之后的章节中，还会涉及你的人生规划清单，我会告诉你如何将这些规划以及人生目标融入你进行线上商业经营的过程中。

第二部分

自流量生活体系

第5章 自流量生活成功法则

经营一份成功的事业从来都不是一件简单的事，但自流量生活运用电子商务和基于广告的在线商业模式，利用外包、软件、网络自动营销等方式构筑了一套完善的营销系统，能够让你每天即使没有花费太多精力，也能够获得持续的利润。

自流量生活创业者的目标是建立一个能够实现“良性循环”的商业模式（如图 5.1 所示），使自己的事业不仅能轻松发展，也可实现自我强化，自我赢利。用户越多，盈利越多；盈利越多，你就有越多的资金去进一步研发产品，拓展市场；拥有的产品和市场越好，你就能吸引越多的用户；吸引的用户越多，赚的钱就越多。当这种商业体系逐渐扩大（即规模化）之后，自流量生活创业者就可以用相对少的工作赚到更多的钱。

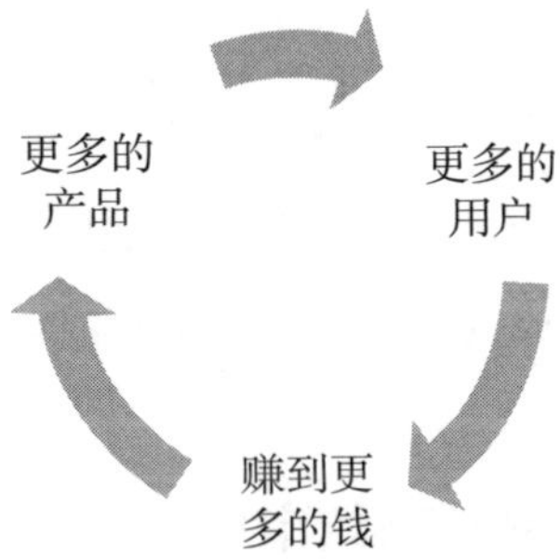

图 5.1　良性循环商业模式示意图

这就是自流量生活的赢利模式！

常见的 3 种赢利模式

或许你对电子商务这个概念已经很熟悉了，但对于初次接触电子商务的人来说，有 3 种最基本的赢利模式可供参考：

销售实物：这种销售模式跟传统的实体店差不多，只不过店主不用与顾客面对面交易，因为买家一般都是通过邮件或是电话下单。

销售电子商品：销售内容一般是电子书、电子文档、软件、语音或者是在线点阅产品，此类产品的传递不需要经过快递，都是买家直接在线下载。会员网站的业务就可以归为此类。

销售广告：广告可以通过博客、在线论坛、邮件或者电子载体进行传播或者宣传，这种宣传和传播就是一种销售方式。

（如何利用以上 3 种赢利模式，我们会在稍后章节详细说明。）

自流量生活创业者可运用这 3 种赢利模式去建立自动化在线商业体系，用并不多的员工和投入资金获得利润。同时把个人兴趣爱好、具备的技能以及生活目标融入其中，这就是自流量生活的目标。

结合我上文提到的商业模式，以及下文即将介绍的成功规划自流量生活的法则，你可以开发出一款自己确信一定能赢利的产品，采用自己青睐的低成本的生产方法，实施能够吸引用户的战略，在这个过程中，你还能跟与自己志同道合的人交流，建立一份有一定规模的以诚信为本的事业。

如何开发新市场

接下来我会告诉你，要想成为一名真正的自流量生活创业者，你应该如何建立适合自己的商业体系。

1. 首先要找到一个既没有太多竞争对手，又尚未饱和的市场。

“未饱和”是指目标市场受众的需求尚未得到完全满足。你可以利用这个商机帮助目标市场的受众，给他们提供更好的信息或者产品，抑或更为完善的产品和服务，以满足他们不断增长的需求。他们的需求可能是期望赚到更多的钱，希望提高生活质量，也有可能是生活中遇到了难题，急需找到可以帮助他们的人。

在互联网时代，利基策略（满足小众市场用户的需求）不同于传统营销方式，它的目标是小众市场，所以会从这个市场的受众角度出发选择营销策略和产品内容，而不是针对存在已久的大众市场。

2. 在创业初期，你只要有时间就可以在网上发布营销信息，宣传自己的产品。但是要切记，不要马上就开始向网友推销你的产品，因为你首要的目标是发展一批忠实的受众，之后才是赚钱。

3. 除了产品宣传之外，你还要不时提供一些信息型、娱乐型或者服务型产品，吸引用户常常光顾，久而久之，这批用户自然会向他的朋友介绍你的产品。

4. 帮助用户解决问题。比如给养狗的人介绍一款适合狗狗用的除虱粉；给经常待在办公室的人推荐一款能在办公室用的健身器材，如坐着就能减肥的椅子。这些产品可以是你自己制作的，比如一本关于如何修摩托车的电子书，帮助小孩子阅读的“日常用语”集，也可以是你的个人建议，比如如何做好平面设计，励志类语音，还可以只是公司广告，但宣传的产品恰好符合用户的需求。

这些信息在网上都能找到，你完全可以做到对症下药，但是切不可心急，试图很快学会如何向用户提供对应产品。满足用户的需求，需要你付出大量的时间和精力，尤其是要求你个人必须极具创造力，确定自己能提供独一无二的解决方法，而且要比市面上常见的方法更好、更有效。如果你已经做到了以上所述，也给用户提供了优质的服务，时间久了你就会发现，你已经拥有了一批忠实的付费用户，但是对于有些人来讲，他们则根本没意识到这批受众的存在。

成功规划自流量生活

为了培养一批忠实的付费用户，自流量生活的创业者通常在规划自己的事业时，会对以下几个因素有所侧重。如果你在规划事业的时候，能围绕下面我提到的几个原则，那么你也极有可能把一份普普通通的事业变成可赢利的、适合自己的生活式事业。

第 1 条成功法则：随时做好帮助他人的准备

通常来说，用户有需求的地方，就是开启一项事业的起点。为产品和服务寻找用户比花时间寻找产品不受欢迎的供应商要明智得多。这虽说起来简单，但好多创业者在这方面都会有所疏漏。他们只会推销与自己的热情相关的产品或服务，却忽略了一个最基本的问题，即要针对目标受众销售产品。而另一方面，如果你仅仅帮助用户赚钱、减肥、增加他们的自信心，满足他们的需求，但是忽略了自己要赚钱的需求，那你就很难找到源源不断的付费用户。

乐于助人有助于你的在线营销事业，如果你是在真心地帮助你的用户，他们会把你的这份真心，还有他们自己的体会告诉他们周围需要同样服务的朋友，从而帮助你获得新的用户。如此一来，你的广告成本会大大减少。与用户保持长久的关系，让他们意识到只有在你这儿才能得到他们真正需要的东西，这是能够让你在风云莫测的市场上生存下来的有效方法之一。

第 2 条成功法则：增加自身可信度，在本行业内成为专家

人们通常都愿意从所谓的专家那儿买东西，也愿意听取这些专家的意见。从传统意义上来说，医生、律师、会计或者大学教授是我们所熟知的专家，管道工、私人教练、园艺师、占卜师以及汽车维修工等懂专业技术的人也是专家。

如今，一种新型专家——值得信赖的好友——出现了。即便你没有官方各种证书的认可，也可以利用自己的实际生活经验以及专业知识让自己成为这类朋友式的专家。你可以利用自己的知识和经验，让你自己、你的商业经营，甚至你的网站成为你所在行业内可信度较高的权威，而这个权威地位能够帮助你赚钱。

增加自身可信度这一点很重要，在第 6 章我会专门针对如何提高在线流量加以详细说明。

第 3 条成功法则：利用网络的自动化功能

自动化意味着在打理事业的过程中，你不必自己动手做某些重复性的工作，只需要依靠某些软件或者是通过网络虚拟助理来完成。工业革命带来的网络自动化能够帮助公司高层人士在不投入太多人力的情况下，创造出更多的财富。现在，某些互联网软件可以自动帮你完成很多任务，创造利润，你可以不雇用太多员工，甚至可以不雇用员工。

下面是我列出的几项可以由电脑自动完成的工作：

- **接收订单和交付单据：**电子商务的普及让我们忘记了接收订单并交付单据是一件多么耗时耗钱的事情，它代替了现实生活中收

银员的工作。

- **内容创作和生产**：即使你自己不参与，粉丝也能在你的博客、在线论坛以及社交媒体的内容下面发表评论，彼此进行互动。
- **售后服务**：用户在访问你的网站时，如果他们有相关疑问，可以在网站主页上的“常见问题”板块找到答案。除此之外，全天候在线客服可以随时回答他们的问题。
- **账单结算**：买家付钱以及卖家收钱的过程都可以通过网络自动实现。
- **在线营销**：如果买家之前曾浏览过与你提供的产品类似的产品，那么你的产品广告就会自动出现在他们的浏览器页面。邮箱的自动回复以及自动发送邮件功能可以帮助你把产品的最新信息发送给潜在用户，帮助你获得更多利润。在线交易数据会自动更新到你的博客、推特以及脸书上。

即使你不在线，这些在线工具也能帮助你吸引用户，产生利润，增加收益。

一个完善的自流量生活体系能够利用多种互联网自动化工具，将你的产品销售到世界各地，它们全年无休，持续为你创造利润。

第4条成功法则：业务外包

在当今互联网时代，做生意完全不同于传统模式，你不需要有实体店面，不需要有办公室，不用装修工位，不需要有专门的停车场，也不需要为员工买保险，为了节省成本，你甚至可以不雇用全职员工。你可以把自己需要完成的任务外包给网上善于做这方面工作的人。很多的在线网站都会提供这类信息，比如 Elance. com、Guru. com、 oDesk. com，以及 Freelancer. com 等网站，在这些网站上你能找到各行各业的兼职人员或者自由职业者，你可以随意选择。这些网站类似易贝等二手交易网，但是交易的东西不是自己家车库堆积的旧货，而是自己擅长的技能。如果你需要有人来帮你做事，就可以在这些网站上找到需要的人。只要点击几下鼠标，你就能找到包括文案人员、网站设计师、客服人员、律师、销售人员、图表设计师、网络营销人员在内的各行各业的人（在本书第 16 章我也会向你介绍作为一名自由职业者，如何在网上自我推销，承接一些自己喜欢或者擅长的工作）。

我建议你在处理一些重复性工作时，如果不能使用网络的自动化功能，最好雇用一个在线虚拟助手来帮你完成。你现在已经是老板了，随时可以雇用员工来做你自己不知道该如何做的工作（也可能是你自己不愿意做的工作），同时雇用在线虚拟助手也能帮你避免部分税额。为了自己能做更大的项目，或者是更好地享受生活，你最好是每小时花 10 美元、20 美元或 50 美元将一些无关紧要的事情交给他人来做。

第 5 条成功法则：由受众创造内容

受众创造内容是指受众的参与能帮助你创造你的产品。

仔细研究以下几个方面的内容，我觉得你可以从中了解受众真正的需求：

- 博客上读者的评论。
- 粉丝来信或者是他们的投稿。
- 读者上传的照片或者视频。
- 读者关注的分类广告或是其个人简历。

- 用户使用产品的反馈。
- 具有指导性的信息目录。

这几个方面之所以重要，是因为它们贡献的内容能够帮助你改善自己的产品，它们给出的信息有可能正好是其他潜在用户浏览你的网站时想要获得的信息。如果它们提供的信息能吸引越来越多的用户，那么你赚的钱就会越来越多，因为你不仅可以在网页上卖广告赚钱，还可以通过销售自己的产品获得利润。

第 6 条成功法则：提高业务规模的可伸缩性

不管是利用网络的自动化功能，还是将业务外包，或者是以受众为核心来生产产品，都可以理解为一种提高业务规模可伸缩性的重要手段。

可伸缩性是指一种技术或是某种业务体系在不需要增加一定规模资源的情况下，能轻易适应对象数量的不断增加（即用户增多或者交易量增加的需求），同时还能够维持或者提高网站的营业额。

简单地说，“具有较好的可伸缩性”是指在既没有增加投资，也没有增加投入的基础上，业务规模依然在增长，利润仍在增加。很多小企业都是一开始发展得很好，最后却以失败告终，为什么呢？就是因为创业者在最开始的时候，没有对自己事业的可伸缩性做规划，完全不知道自己的事业最多可以接受多少用户。他们可能会对每一位新增用户都投入一定的精力，最终却因为对每一位用户都用心，反而没有多余的精力去做其他方面的努力，导致事业停止增长（事业可能从此开始衰败，因为创始人精力不够，不能顾及业务的方方面面）。

所以，尽管你希望努力工作，亲自接待你的第一位用户，或是前一百名用户，从而开始自己的事业，但是在创业初期就要意识到你根本无暇顾及每一位用户。你可以认真对待最开始的用户，但是稍后的新增用户一定不能分散你太多精力。此时，你需要借助在线软件或是网络的自动营销功能，它们会帮助你工作，帮你应对用户，帮你赚钱，帮助你成为一名真正的自流量生活创业者。一个具有较好伸缩性的事业体系能够让你不用做太多的工作，就可以实现在线营销，自动产生利润。

第 7 条成功法则：获得持续收益

想更加轻松地从网上赚到更多钱，最好的方法之一就是不要采用一次性消费方式，而是采用自动更新订阅方式，即当用户购买产品时，不要求他们一次性付清所有费用，而是随着时间的增加，通过增加订阅来赚钱。这意味着用户与你不是一次性交易，随着时间的增加，你每天都有业务。不管你的直接收益来自中间商还是用户，订阅销售的方法可以帮助你节省大量的时间。每当有新的产品或是新的信息，你不必忙于给用户留言，问他们是否要购买，也不用花费大量时间重新向用户推销产品，再签一次合同，再给他们寄一次发票，然后再追着他们要钱。反之，用户会留下自己的信用卡账号，允许你在固定的时间扣去一笔费用。邮件订阅，可以一周付一次；论坛会员，可以按月付费；消费性产品，可以每两月支付一次；独家内容，可以按季度付费；或者以年为单位，收取软件使用费或者广告更新费，这些都是订阅销售可采用的策略。

比如，一本要价 100 美元的电子书，不要一次性向用户收费 100 美元，然后把整本书都给他，而是先预收 75 美元，给他看书的前半部分，如果他想看后半部分，他就在随后几个月共支付 35 美元，每月支付一部分。再比如，广告商想在你的网站上放广告，不要一次性向广告商收费500美元，而是预先收取375美元，随后直至广告撤掉的几个月内共收取150美元，每月收取一部分。

一直以来，都是卖家跟在用户后面，向他们要钱，现在则是除非他们自己取消订阅，否则就要一直付钱给你，这两种赢利方式存在很大差别，并且对你的日常生活和收益多少也有很大的影响。如果你能一直给用户提供有价值的信息，保证用户不取消订阅，那你每个月都能按时拿到收益，这种收益也可能会一直持续下去。我之前在业务中运用过这种方式，的确获得了很大成功，这种方式尤其适用于广告商和订阅用户。有了互联网之后，你还可以把之前手动开发票和手动续约的方式转变成在线自动操作，网站系统后台现在能自动向用户发送电子小票和账单，帮你省去令人头疼的烦琐步骤，并且这种自动化管理模式在一定程度上还能帮你提高利润，让你把节省的时间用于自己觉得更有意义的事情上，而不是每天忙于计算收益、收集账单。

获得源源不断的复合型收益——这就是奇迹所在

如果你已经培养了一批稳定的订阅用户，那就意味着每个月你都可以自动获得上千美元的收益。为什么呢？其实是因为大部分用户都懒得退订。他们对你的内容有需求，之前好不容易在网上找到你提供的信息，又花时间注册了会员，绑定了信用卡，希望能享受你提供的产品或者服务。这时候优势已经在你这边：经过了这么多复杂的过程之后，他们宁愿持续花钱购买产品，也不想再经历这个麻烦的过程去寻找另一种同类型的产品。就是由于人们的这种惯性，你才能通过订阅用户赚到钱。

另外，如果你能以更快的速度发展新的订阅用户，那么你每个月的收益就不仅仅是维持目前的状况，而是会持续增长。

一个定价 25 美元的产品，用传统一次性收费策略，获得的收益应该是：

100 个用户 × 每人 25 美元 =2 500 美元

既然你已经使出了浑身解数赢得了 100 个用户，就不要只追求这么点收益，向有线电视经营商和电话公司多学学吧，它们早就意识到订阅收费的重要性。与一次性收费相比，能够让用户持续交费才能获得更多利润，只要一直提供高质量的产品和服务，用户就不会取消订阅，一直会向你交钱。

订阅时收取 20 美元 + 后续每个月 5 美元，最初获得的收益是：

100 个用户 × 每人 20 美元 =2 000 美元

2 000 美元的确比 2 500 美元要少，但其实真正赚钱的部分是在后续的几个月，甚至几年时间里。或许在以后的某个月，的确有用户取消订阅，但至少在他们取消前，你每个月还能从他们那儿赚到 5 美元。以拥有 100 个用户为例，如果采用这种持续收费的方法，除了最开始的 2 000 美元之外，你在第二个月还能获得 500 美元，加上第三个月的 400 美元（假设这个月有 20 人取消订阅），再加上第四个月的 300 美元（假设这个月又有 20 个人取消订阅），这样持续下去，至少每个月都有收入。肯定有一部分用户一直订阅吧，只要你持续提供合适的内容，就可以一直向他们收钱。与一次性收取的 2 500美元相比，这种收费方式应该能获得更多收益，甚至可以多几千美元。如果你能保证每个月都发展一批新的订阅用户，那获得长期的持续性收益根本不是问题。

如果在创业的过程中，你能将这种收费策略用到自己的产品或者服务中，不仅能增加收入，还会对你的生活产生巨大影响。

充分利用我们上文提到的这 7 条成功法则，你的事业将会获得或保持：

- 低投入。
- 低成本。
- 可持续发展。
- 一定的规模效益。
- 持续性收益。

这种收费方式为你带来的成功，会让你有时间用从本书中所学的知识去发展更多的事业，或者在赚到钱之后，开始享受自己的生活。

第6章 如何提高在线流量

自我营销手段如果使用得当，不仅能助己，还能助人。

——HelpaReporterOut. com 网站创始人

彼得·山克曼（Peter Shankman）

我们每个人或多或少都会具备在别人看来有价值的知识，但从传统意义上来说，很难在世界范围内找到恰好需要你所具备的知识或是跟你有共同爱好的人。互联网能帮助我们消除传统上的障碍，让信息传播打破地域、时间、成本等限制，让你能够自由地与他人分享知识。

我们在第5章中的“第2条成功法则”中提到过，在如今这个电子商务时代，人与人之间的互动日趋频繁，通过让自己在互联网上成为某个领域的专家来赚钱非常有效。如果别人重视你的观点、看法或是产品、建议等，并愿意为此付费，即使这些人只占到广大网民的一小部分，那也说明你有潜力去建立一份成功的基于互联网的商业运营。

在本章中，我会教你如何快速成为一个专家，在你选定的目标市场上，即使没有亮眼的学位证书，也能迅速征服用户。

你作为专家，如何在市场上竞争

互联网使每个人都有同等的机会去了解世界，大部分问题的答案都能通过互联网查到。搜索引擎能直接连接大学图书馆，方便用户查找比较专业的内容，YouTube 等视频网站则会免费给用户提供最前沿的学术讲座和会议视频。同时，社交网络、博客和在线论坛也会与其用户分享一些比较专业的话题内容。所以，如果每个人都能通过网络学习知识，那么，你作为专家，如何在市场上与其他人竞争？

1. 想要真正帮助用户，就要给他们提供真正权威、专业的知识。这种专业知识不一定非得与众不同，或者一定要从专业的学校或是大学习得。接下来我会解释为什么最好的创业机会在小众市场，以及简短地介绍这种“新型”专家。

2. 给用户提供具体的解决方法，而不是只给建议。与通常的建议相比，用户会更容易付钱买解决问题的方法，因为遇到困难的人总是想极力解决问题。这就意味着只要你能帮用户解决问题，他们就愿意付费，或是会关注你的业务。尽管提供一般性的建议，比如如何合理安排时间，如何省钱，怎样变漂亮，或者怎样能赚到更多的钱会更有助于你拓展业务，但是小范围更具针对性、更有个性化的解决方法，因为很难找，所以对需要的人来说更有价值。

3. 充分利用社交网络平台及其友好的特性使你的建议更有针对性，然后以引人入胜的方式传播出去。用书本中学到的知识去解决实际生活中遇到的特殊问题，在这个过程中人们总会需要专家的建议。如果你能将人们需要的建议，以一种比传统学者更具个性、更有效、更权威的方式传递出来，或许你就可以帮助别人，赚到钱，还能享受互联网的乐趣。如今的互联网专家都是追着用户走，他们的脸书账号随时在线，通过推特或知乎回答用户的问题，在谷歌+上分享个人的最新动态，他们的博客内容不只涉及自己的业务、生活等话题，也会穿插诙谐的故事和个人记事。

你的专业知识不一定非得与众不同

包括你在内，为用户提供个性化服务的小众市场上有成千上万个专家。从定义上来说，个性化服务要求在内容生产和传递环节注入个人观点与特色。如果在你想要进入的小众市场上有100个或者更多的竞争对手，他们不可能每个人都能服务100位以上的用户。现在假设他们每个人都有100位用户，也就是说这个市场现在有10 000名需求者，但世界上说英文的人大概有10亿吧，也就是说你现在的潜在用户其实还有9.999 9亿人。

举个例子，比如说现在网上有很多网站设计以及电子商务方面的专家，但是我发现在这个市场，还存在一些小众市场没有被挖掘，比如个性化的网站测评视频服务。为了检验我发现的这个小众市场是否真的有用户，我注册了一个域名，做了一个简单的网页设计之后就在网上发布了这个网站 www. ExpertWebSiteReviews. com。我没有做任何宣传，但已经源源不断地收到了价值129美元的订单，用户想寻求我对他们网站的意见。我会录下视频，在我测试他们网站的性能、产品功能以及搜索引擎优化方面的内容时，将镜头对准屏幕，把整个过程拍下来，之后把这个个性化的、长达15分钟的短片放在Youtube网站上。用户们很喜欢这种专门为他们定制的反馈，我也很享受这个过程，一方面能通过录视频去帮助别人，另一方面还能获得可观的源源不断的收入。

想知道这个案例成功的关键因素吗？4 个字——私人定制。网上有很多网站、设计用户交互界面的设计师，不计其数的电子书、纸质书、博客内容，他们都会在“理论上”告诉你如何做网页设计。

但是除了这些常见建议外，人们更想知道的是针对自己具体问题的具体建议。如果你能将自己学到的专业知识转变为具体的、个性化的解决方案，一定能找到愿意付钱购买你方案的用户。

不必担心自己学历不够

我在此举个例子，告诉你丰富的日常经验也能帮助你成为专家。

对于网络营销，奥克塔维奥（Octavio）非常有发言权。他之前服用过一些天然保健品以及保健药物，感觉疗效不错，所以想把这些药跟其他人分享，他对这件事很有热情，但又担心自己做不好。因为这些药物基本上都没有得到有效宣传，或者是保健医生并不认同。

他的顾虑是什么呢？他担心自己没有专业的医生执照，别人不会轻易相信他。他跟我表达了担忧。在交谈的过程中，我了解到他曾经做过维生素和保健品生意，尽管他没有医学学位，但是以往的经验和对于这个行业的热情能够让他轻易地成为一名颇具潜力的在线专家。

基于以上原因，我给他打了一个回复电话，这给了他极大的信心，再加上他在网站上得到了志同道合的人的支持，他开始着手实现自己的梦想。他的保健品营销网站吸引了大批用户，在“婴儿潮”

中出生的一代人越来越多地对保持健康状态产生兴趣。

成为在线专家的一员

对于那些想要建立自流量生活的人，我经常像对奥克塔维奥一样，告诉他们做事业要基于个人经验。他们担心自己没有证书，名字后面也没有权威的头衔，别人可能不会拿自己的话当真，甚至一些与我沟通过的医生和律师也是如此。

从传统意义上来说，我们通常会称那些拥有硕士、博士学位，或者注册会计师证书的人为专家。但是互联网是一个开放的平台，它让千千万万即使没有职业头衔或学历的人也能在小众市场上创立自己的事业。

不是只有拥有高学历的人才能给人建议，即使没有高学历，人们也能买到划算的车险，在社交媒体上吸引众多的粉丝。谁能把一个教区的人聚在一起？谁能给患有多发性硬化的患者提供帮助？谁能教养猪的人在展会上获得更多肯定？当然是你。诸如此类小众市场中的用户通常需要有人来给他们提供专业的信息，这就为你打开了一扇窗，帮助你成为梦想中的那种人。只要你了解的知识比你的用户多一点儿，你就能帮助他们。

知识产权助你成为专家

像奥克塔维奥一样，在创业初期，大部分创业者在午夜梦回时，都会问自己："我真的有能力去做这件事吗？"大部分情况下，我的回答都是"当然"。因为你个人拥有的知识产权能够帮助你成为一个真正的专家。知识产权是一个法律用词，一般指权利人经过多年的学习、研究或者工作之后拥有的复杂且有价值的观念或者想法，比如产品专利、软件代码，作者对书也有知识产权。而你的经验和观念也是一项重要的属于你自己的知识产权。如今的互联网时代，在日常生活中积攒的经验可以让你成为一个专家，加上学习和工作所得，你就可以拥有大量的专业知识和技能。甚至从网络上搜集整理信息，并将其传递给用户，这一简单的行为也有很大的价值。大部分人都忙于工作和家庭，现在还有谁愿意花大量的时间去收集信息？你能给他们提供的信息越多，传递的方式越简便，他们就会越欣赏你的服务和产品，作为回报，他们可能会把你推荐给他们的朋友。

如果你真心关心用户，愿意帮助他们解决问题，他们会更愿意给你回应。与之前相比，现在你可以利用社交媒体向用户提供帮助，使自己的事业更具规模、更有可能赢利。

说到底，用户的关注点在于如何解决自己的实际问题。如果你能在产品和内容上花费更多的时间，付出更多努力，会有很多人愿意出钱购买你在线提供的解决方案。如果你真的能帮助用户解决他们的切实问题，那么你的简历是否优秀、网站页面是否美观都不再重要。

所有上述案例都表明，对于用户来说，专家只跟他们自己的认知有关。如果用户认为你了解的内容比他们多，那么至少对于他们来说，你就是专家。如果你的确了解的没那么多，但是只要他们喜欢你、相信你，就愿意跟随你，毕竟你们有共同的目标。

自流量生活专家的 4 种类型

自流量生活专家大致可以分为以下 4 种，你可能是其中的一种，也可能同时符合这 4 种类型的特质。

1. 传统意义上的专家：即医生、律师、工程师等，他们通常都是传统意义上的专家，拥有专业学位，属于教授级别。如果你是这类人，那么在此对你表示祝贺，但如果不是的话，想追上他们会很难（也很贵）。

2. 小众市场专家：即在某个还未被重视或开发的领域有自己专业的知识和经验。比如你从小就学汽车改装、曾到过世界各地，或是熟知《星球大战》（*Star Wars*）里的每一句台词。这些“资历”都能帮助你在擅长的领域成为一个真正的专家。

3. 即时专家：即你对某个新的主题了解甚多，能够像专家一样对这个领域的某个问题给出解决办法和方案。举个例子，比如你最近刚翻新了自己的房子，或是你最近在对两个孩子进行家庭教学，或者最近刚做了一个大手术，治好了一个顽疾等。对于那些正准备翻新房子的人，正准备给孩子进行家庭教学的家长，或者有同样病症的患者来说，你就是专家，但不是“黑带”级专家，因为你也仍然处于对新事物的摸索阶段。我把这种专家称为“即时专家”，因为在这个新的领域，你也是新手，只是比在起点的人多走了几步而已。对于位于起点的人来说，这种经验上的相对差别足以让你成为这个领域的专家。当然，不管你在何种领域成为“专家”，你的可信度都会得到提升。

4. 跟用户共同学习的专家：如果你对某一个领域很感兴趣，想开始学习，那就先不要以专家的身份自居。即使要学习非常专业的知识，“分享学习过程”也是一种有效的方式。互联网给你提供了简单、快速且免费与人交流的方式，让你在跟潜在用户交流的时候，完全可以以一个初学者的身份跟他们一起学习新事物。互联网是一个很好的创业平台，因为在跟用户共同学习、分享的过程中，你可以逐步提升自己的知名度。你的缺乏经验可以作为一个很友好的“卖点”，因为你是在与用户“共同进步”。例如，开始的时候，你可以在博客上写自己最近开始学习某种技能，希望网友能给出一些建议。这可以显示出你不但好学上进，而且为人豁达，愿意接受网友的意见和建议，同时又很真诚，跟专家相比，更像是一个值得信任的好朋友。在学习的过程中，你可以把每天学到的内容晒出来跟网友分享，这样会使你在这个领域里更加自信。最开始你可能只超过网友一小步，接下来是两小步、三小步。久而久之，如果你持之以恒在做这件事情，跟你当初的“同学”相比，很快你就是一个专家了。长期专注于做一件事是专家与普通人最大的差别，如今在互联网上什么信息都能查得到，这种便利加速了平凡人成为专家的过程。

在采访本领域相关专家时，也适用共同学习策略。你可以花时间问他们自己想问，同时也是用户想问的问题，如果下次你的用户再问到类似问题，你就完全可以用专家的答案来回答他们（不管是把专家的答案以电子信息的形式呈现出来，还是把采访视频放在网上，总之，要表现得像一个真正的专家）。

当你成功地成为一名跟用户共同学习的专家之后，你可能就成了一名即时专家，之后你就真正成了一个小众市场专家。选择一个你喜欢的领域，然后按照上述标准和步骤积累经验，很快你就会成为一个真正的专家。

简单步骤教你成为一个专家

就像你所看到的，是否能称为专家其实是用户自己的认知问题。如果你毕业于一所名校，即使你在学校的时候没有好好学习，但是在别人眼中，你已经是所学专业领域的专家了。在网络世界也是如此，如果你能向别人证明你的专业知识，再加上各种证书做支撑，那么别人自然就会认为你是一个专家。那么问题来了，怎么证明自己有专业知识呢？答案就是发表文章或出书。

不管是谁，发表或出版与自己所选领域相关的内容是一种能快速获得网络用户认同的方式。即使没有斯坦福大学的学位，你也能通过阅读网上的海量信息学习知识。如果你能将获得的信息加以利用，选定论题，将一些相对专业的内容发表在杂志上，或做成视频、录制广播节目等，那你就可以迅速成为你所在领域的专家，至少对于那些刚接触这个领域的人来说，你就是专家。

除了能吸引用户之外，你知道发布自己的内容还能带来哪些好处吗？搜索引擎会比较偏爱有一定权威性的内容，如果你能持续发布内容，并将关键字设为搜索引擎易搜到的词汇，搜索引擎就能轻易抓捕到你的网站及相关内容。用户遇到问题，使用搜索引擎进行关键词搜索时，搜索引擎就会自动将你的网站和内容提供给用户，这种方式能为你的网站带来很多额外的点击量。如果你能针对用户需求提供足够多的内容或答案（尤其是当这些用户在社交媒体上或是网上分享你的内容，其他网站也开始将你的内容链接放在自己网站时），不管是用户还是搜索引擎都会开始视你为专家。

自流量生活的成功秘诀：利用光环效应

通过搜索维基百科（Wikipedia）你就会知道，光环效应其实是一种认知上的以偏概全，指当事人对一个人的某种特征形成好的或者坏的印象之后，他还倾向于据此推论该人其他方面的特征，典型案例就是人们通常会认为长得好看的人肯定更聪明。

其实也可将光环效应用于你的互联网运营，你自己是网站内容的“主编”，同时也是“出版商”。在你的网站上放上所有跟你所在领域相关的内容，让自己展现出专业的一面，萦绕在你身上的专业知识光环再加上你的“主编”“出版商”等称号，即使你可能只比普通人多学习了 5 分钟的相关知识，来浏览你网站的人也会自动认为你就是这个领域的专家。

用户并不在乎你

很多新的自流量生活创业者会犯找不着重点的错误，这就像去参加婚礼的姑妈。她出门前一直在担心自己看起来是不是足够好，精心选衣服和化妆，以至于都迟到了。她几乎错过了整个婚礼，因为她忘记了参加婚礼的人不是来看她的，结婚的那一对新人才是婚礼的重点。所以，不要犯类似的错误，网友来浏览你的网站的目的是想了解他们想要知道的内容，目的是网站内容，而不是你个人。换句话说，你不用担心证书不够多，用户对你的印象不够深刻，因为用户通常是来解决问题的，并不在乎你是一个什么样的人。

他们也许想通过你的网站找到自己的另一半，了解如何治疗自己的背疼，看哪儿能买到物美价廉的家具，或是如何更好地照顾家里的宠物和绿植。相信我，他们想要了解的内容几乎跟你没有任何关系，他们不会想知道你长什么样，上的是哪所大学，抑或你的父母是谁。实际上，当用户决定是否够购买你的产品时，你个人的简历是否精彩，甚至你的产品是否够好并不会起到很大的作用，用户70%或者更多的关注点在于找到为自己解决难题的最佳解决方法。这个所谓的“最佳”有时候是指最便宜，有时候是指最快，有时候意味着最有声望，如何将产品分类完全取决于你自己。用户剩下的大部分关注点，大概20%在于评判你提供的产品在其他方面是否能够满足他们的需求。

这也就是说他们只有10%或者是更少的关注点在你身上，所以你要做的就是把网站做得更专业，让自己的知名度和可信度更高，让用户不会在购买环节犹豫不决。产品够好，网站的知名度高，你个人的知名度才会高，反过来却不一定。

网页上的 “关于我们” 板块至关重要

为了确立自己的可信度，网页上“关于我们”这一板块的内容很重要，必须包含以下3个方面的内容：

- 网站提供的服务以及产品的价值。
- 解释或者陈述一下你为什么想经营这个领域的业务。
- 留下联系方式，邮件或者是个人的电话号码。
- 放上你个人的照片或者是整个团队的照片。

这些小细节都可以给电子化的网站增加一点儿人情味，让用户觉得你是一个真正存在的人，你的事业也离他们很近，确定他们的钱不是交给了键盘后面的扫描仪。像你一样，他们也想跟实实在在的人打交道，同时希望你是一个可以信赖的人。最好能放一张你的微笑照，这样可以拉近你与用户之间的距离，也能帮你挖掘潜在用户，让他们感觉你是一个让人感到舒服的人，从而愿意相信你的网站。

需要把自己的真实姓名和照片放在网上吗

很多网站在推销自己的产品或者服务时，都会把个人作为“代言人”，但如果你不把你的照片放在网上，不让自己成为众人焦点，会对生意有影响吗？

我的一个读者也有同样的疑惑，她写信给我进行咨询，以下是她的来信，以及我的回信。

亲爱的斯科特：

现在我对自己的事业充满了热情和兴奋，但是我需要把自己的真实名字和头像放在网上，用自己的真实信息在网上宣传自己的产品吗？

凯西（Kathy）

来自帕萨迪纳市，加利福尼亚州

以下是我的回信。

凯西你好：

如果你没有一个团队，只是自己在做事，那么你就需要在进行产品营销的时候，加上你的名字和照片，因为照片很容易就能够让人记住你。即使是一张照片，你也要做到目光温和，因为有时候一个亲切的眼神会比一个酷酷的商标更能让人与你建立起牢固的关系。在网站上放一张照片是在起步阶段将你的事业区别于他人的一种最简单、成本最低的方式。尽管团体或者公司有时并不愿意将某个人的个人形象作为产品推广手段，但其实很多用户在买东西时，都想在产品包装上看到创始人的形象。同理，你网站的访客也乐于在网站上看到网站创始人真正的样子。

如果你确实不想放个人照片，你可以下载图片或是雇用一个模特在网上“扮演”你。但这容易让用户混淆，同时不停地更换图片也是一笔不小的开支，所以最好还是用你自己的照片吧。自己的头像或是照片更换起来比较简单，成本也低，重要的是更加真实。

关于名字的问题，其实有多种选择。可以用真名，但是如果担心个人隐私问题，或者不想让这份事业与你目前的工作产生冲突，抑或只是因为你的名字比较难写或者难认的话，你可以用其他具有一定辨识度的名称。这个名字要念起来比较方便，听起来不要太假，而且可以一直用下去。其实你还可以试着用自己名字的缩写，或者自己常用的外号，中间名或者是小名，甚至可以给自己起一个艺名。贝蒂·克罗克（Betty Crocker）是一个著名的食品品牌，但这不是一个真实的名字，只是为了广告需要而编出来。

祝你事业顺利，早日成功！

斯科特·福克斯

建立专家型网站的11个雷区

尽管互联网能够让普通人轻易地成为一名在线专家，但还有很多人扮演不好这个角色。

所以，在此我列出了在线专家一定不要做的 11 件事情：

1. 使用不正规的免费网站：要想让网友或者用户认真地对待你的事业，那就每年花费 10 美元来购买一个正规的域名，让自己的网站更加正规吧。

2. 在网站上断开通往其他网站的链接，或者页面上出现不完整的内容。

3. 使用美国在线（AOL）、Hotmail，或是跟别人共用的邮箱，比如 susanandpaul@ comcast. com，接收用户的邮件。

4. 网站的页面上全是文字，没有任何图表、图片或者商标等。

5. 用一张很烂的大头照，或是黑白大头照作为自己的标志头像，或者是头像栏空白。

6. 网站页面自动播放音乐、视频或者音频。

7. 在网站页面的介绍板块文字表述中使用将来时，比如“本网站将侧重于……”或者“我计划……”读者想了解的不是未来你可以给他们提供什么东西，而是现在你能帮助他们解决什么问题。

8. 不及时查看自己的邮箱。

9. 自己的脸书、推特以及领英（LinkedIn）等社交网站内容经常不更新。

10. 网站的版权过期。

11. 联系方式以及用户付费方式标注不明显。

只要能避免以上错误，你的自流量生活就成功了一半！

第7章 10步教你成为互联网专家

做生意时，你很容易思虑过多。与其一直停留在对事业的规划阶段，何不现在就开始行动?

接下来我会给你一个“快速开始指南”，这10个简单且低成本的步骤也许能够让你在30天内，不管在哪个领域，即使是在自己最不了解的领域迅速成为一名业内专家。这个指南同时也能够帮你快速开启自己的互联网商业帝国。

1. 找到一个自己既有经验也有兴趣的小众产业、爱好，或是找到某个群体。

2. 快速想出一个域名，并将其买下来，域名中至少要包括你想要发展的领域的关键词，听起来要够酷、易拼写，同时又很好记。

3. 注册一个博客账号。可以通过 Weebly. com、Blogger. com 以及 Wordpress. com 等网站免费注册，但是要保证博客名称包含你想要发展的产业的特点，看起来还要够专业。

4. 想一个有个性的站名，最好能跟你的域名相匹配，同时还要体现你的专家地位，用这个站名分别在比较受欢迎的社交平台上注册一个账号，比如脸书、推特、谷歌+、领英等。

5. 设置一个谷歌提醒。在谷歌网站 www. GoogleAlertsTool. com 上可以免费获取这个提醒工具，只要你设置了搜索关键词，这个功能就会每天不停歇地在网上筛选相关信息，通过邮件形式把搜索到的信息发送给你，你可以了解到你的目标群体关注的公司、个人的最新动态，或者行业内的最新消息。

6. 把谷歌提醒每天发送给你的信息进行整理，将其中比较好的文章或者是博客帖子的摘要放在自己的博客上，但是别忘了一定要在摘要后面附上原文链接，有署名的别忘记把原文作者的名字也写上。

7. 博客帖子要以一种专业的方式展示出来。如果网友在你的博客、脸书、推特、谷歌+、领英等流行的社交网络上向你提跟专业领域相关的问题，一定要友好地回答。在回答完问题之后，可以请他们在页面上评论，写下反馈，这样不仅能逐渐建立你的品牌，吸引更多的流量，还有助于建立你的在线用户社区。

8. 以私人名义联系你所在行业或是目标群体中比较知名的前20位同行，通过邮件、脸书、谷歌+或者相关在线论坛等跟他们联系，礼貌地邀请他们来看你最新发布的博文，提出他们的意见，甚至可以在你的博客上发表他们自己撰写的内容。

9. 在类似Google AdSense（www.google.com/adsense）等在线广告服务平台上注册一个免费账号，在该网站上粘贴与你的网站内容相关的谷歌广告，每当访客点击一下广告，谷歌就会向你支付一定的费用（如果想了解更多关于点击付费广告的赚钱模式，以及联合营销广告策略，请参考第22章具体内容）。

10. 重复第6、7、8步，帮助自己快速成为一个专家，吸引大量的用户。

一定要不断地发布新内容，不久之后网友就能通过搜索引擎搜到你的网站。坚持以上步骤30天以上，你就会发现你博文里的内容越来越专业，越来越能吸引目标受众，当阅读量逐渐增多之后，真正有需求的用户就会看到你的网站。发布的内容越多，读者评论和读者来信就会越多。如果这时你已经做好准备，打算在传递给用户的内容后面补充上自己原创的文章、拍摄的图片，或是其他你作为网站“主编”想要提供给读者的话，就可以开始了。

好了，工作完成！你觉得现在谁更像是一个专家呢？

尽管对你来说，建立网站、发布自己的内容听起来可能是天方夜谭，但这确实通过努力可以做到。只读书而不付诸实践并不能帮助你赚钱，如果你能遵循上文提到的 10 个步骤，或者将本书里提到的诸多案例付诸实施，那么你的事业很快就会成为一项真正的在线业务，而不会只停留在设想阶段。如果你想改变生活，就要想好自己的目标是什么。现在就开始行动吧！

第三部分

目前最好的
自流量生活方式

我们会在接下来的两部分中给大家介绍目前比较流行的几种自流量生活方式。第三部分侧重于讲述怎样从产品或者服务中赚钱，大部分内容以案例形式呈现；第四部分主要跟读者分享自流量生活的模式，讲述如何通过为别人工作或者帮助他们销售产品来赚钱。针对每一种商业模式，成功的创业者会告诉你如果想复制他们的成功，应该如何开始，如何利用我们在第 5 章中提到的成功法则。

作为一名自流量生活创业者，你不需要是一个天才，也不需要找到治疗癌症的方法。下文成功故事的创业者只是简单地对现有的商业模式进行了调整，有效地利用了互联网工具和分销，再加上自身的观念和创造力，你也可以学习他们的经验，建立一份属于自己的事业。

提醒：怀疑论者在看完这些内容之后，可能会说这些方法都已经被用过了，但它们还没有以你的“版本”被使用过，我相信你有能力创造一份新的、与众不同的、振奋人心的事业，让你获取利润，提升生活品质。

第8章 在网络上发布原创内容是帮你开启自流量生活最简单的方式

利用互联网强大的传播能力很容易就能找到商机，创造利润。在媒体行业，现在受众较为分散，受众的选择也比较多，盗版产品和低成本的竞争者正在摧毁20世纪辉煌一时的高端媒体，比如报社、电视台、广播电台、唱片公司以及电影制片厂等。对于你这个低成本竞争者来说，这个新市场还有很多商机有待发掘。

在接下来的几个章节，我会向你详细介绍以下几种发布原创内容的方式：

- 电邮。
- 博客。
- 播客。
- 在线视频。
- 社交网络平台。
- 可下载的数字信息产品。

通过发布原创内容，你可以踏足在线媒体业，在这个领域找到机会。如果你能找到一个获利较高的目标市场，并持之以恒地给用户提供有价值的内容，满足他们的需求，就能以低成本的方式赚到大钱，还能享受中间的乐趣。

发布电子杂志

不管以什么为主题，涉及哪个产业，体现哪种文化特色，你都可以自己做一份电子杂志，因为互联网降低了杂志发布的成本，让不同地区的人可以自由交流，还能够以较低的成本把同一目标群体的受众在网上集中到一起。每一个行业、每一种爱好、每一项运动、每一种宗教信仰，或是每一个社区都有自己领域的新鲜事、大事件、幽默故事，这些都能给你的电子杂志带来商机。自流量生活建立在给用户提供有价值的信息的基础上，不管你选择哪一种发布方式，比如邮件、博客、播客、在线视频或者其他最新出现的方式，最终目的都是在网上搜集并发布有趣且有价值的信息，吸引读者和广告商。

以前，发布信息一般需要借助纸质杂志。但是互联网这个强大的分销工具的出现，意味着搜集或者发布某个行业的信息就能帮助人们赚到钱，同时还省去了出版纸质杂志需要的昂贵的排版、印刷、邮寄以及员工支出等费用。发布电子杂志之后，你就成了一个“杂志社社长”，自然会被认为是你所在行业的专家。传统意义上的社长通常管理着一大批员工，发布的内容也有很大一批受众。但现在，你可能只是下班后，在家里的餐桌上用电脑工作几个小时，就成了一个“出版商”。一旦你开始以“出版商”的身份打理业务，就能受到采访邀请，吸引更多的读者、广告商，享受其他传统媒体的福利。

电子出版商的赚钱方式

大部分电子出版商都是利用广告赚钱，如果你能利用自己发布的内容吸引受众，广告商自然会接踵而至，让你帮忙推销他们的产品。互联网使得产品销售变得简单，因此很多自流量生活创业者也会在网上销售自己的电子书或是其他产品。

电子发布的一个好处就是读者可以免费看到你提供的大部分内容，主要包括以下几点：

- 其他有趣的博客内容链接。
- 本行业中大公司新发布的公关稿（要略做改动之后再放在网上）。
- 其他人发布的最新内容的摘要。
- 专家、业内高管或者是广告商的特邀文章。
- 客户寄来的照片。
- 本行业内重大事件列表以及人才招聘广告。
- 适当的时候，在杂志里给予本行业相关的明星、重要用户以及比较活跃的用户送去生日祝福。

你发布的电子内容不需要全是商业信息，也可以加上一些比较有趣的内容，比如小笑话、脑筋急转弯或者是搞笑视频的链接等。

为用户提供筛选过的信息会更有针对性

事实证明，要想让用户心甘情愿地付费，就必须为他们解决问题。在当今社会，我们每个人都会遇到的一个问题就是几乎每天都会收到大量的垃圾信息。除了每天的短信、语音信息以及电子邮件轰炸外，可能每周还会有好几本杂志。每个月我都会新收到好几本杂志，数字硬盘录像机每天都会帮我录下很多电视节目，但我根本没有时间去看（其实大部分都是娱乐节目，而非严肃的商业内容）。除此之外，我还关注了很多网络广播节目以及一些网络自制节目。对了，当然也少不了大把免费的网络研讨会和视频研讨会，以及有趣的博文。我已经很努力地把自己订阅的博客内容删减，只留下跟生意有关的信息，但每天早上一醒来，还是会看到很多最新发布的文章和信息。

这也是你经常遇到的问题吧？仔细想想，或许这种“信息轰炸”也是你的用户面临的一个重要问题！

人们不希望自己每天都接收到垃圾信息，所以如果你发布的“电子杂志”删减掉了不太重要的信息，只留下读者愿意了解的内容，你就给了他们一个极大的“礼物”，即节省大量时间。

电视台的夜间新闻会起到这个作用。工作人员把这一天世界上发生的重要新闻以及有趣的故事进行整合，选出最重要的信息，在晚间 30 分钟的时间里，将其传递给观众。

其实互联网运营也可以采用类似的过滤方法，为你的目标受众带去他们真正需要的信息。跟空气过滤器、滤油器、咖啡滤纸的功能一样，你的“信息筛选”业务需要过滤掉用户不需要的信息，留下对他们有用的内容，就像留下高质量的空气、油以及咖啡一样，然后把过滤好的信息提供给读者。清除无意义的信息、垃圾邮件以及废话，把最新、最有效的信息传递给用户，他们就能更快、更容易地得到自己想要的信息。在这个过程中，你的工作价值体现在两个方面：一是从万千杂乱的信息中筛选出最重要的信息，将其综合到一起；二是把选出来的信息再次编辑和总结之后传递给用户。

筛选的过程听起来很简单，但是由于大部分人都很忙，没有足够的时间去做这些工作，所以如果你能把公开的、有价值的信息综合在一起，将它们用邮件、博客、播客、视频、电子书或者其他有效的方式传递给受众，就能帮助他们节省大量时间，而他们则可以更好地利用这段时间，提高自己的生活质量。

发布电子内容，最快的方式就是编辑和过滤别人的信息和观点。如果你想做得更多，一般接下来的步骤就是通过原创提升内容质量。可以雇用别人帮你收集和过滤信息，甚至也可以要求他们帮你撰写原创内容。

发布电子内容是我最喜欢的商业模式之一，当你的业务逐渐建立起来之后，就不用过多地参与，只要雇用别人去做就行。其实这里用到的是我们第 5 章中提到的第 6 条成功法则，即提高业务规模的可伸缩性。发布电子内容的另外一个好处就是，当你开始做了几个星期之后，会发现自己在这个领域的知识越来越多，你已经开始朝着专家的方向发展了，或者说，你已经快成为这个行业的专家了。

电子杂志的内容是否能以个人经历为依据

也许你曾经在广告业、医疗业、畜牧业或者餐饮业工作过，也可能在迪士尼、通用汽车或者联邦快递等大公司工作过，或者你喜欢热带鱼，曾经是一个战斗机飞行员，痴迷于研究指南针，你都可以结合这些经历或兴趣，创建博客、邮箱、视频以及网络广播等形式的电子内容，给志同道合的人提供相关领域的最新信息和动态，也可以包括一些行业内的奇闻逸事和会议的照片。把这些内容集合起来，你就可以做成一本电子杂志。如果你能把内容进行编辑，使语言更加简单和有趣，然后发送给受众，很容易就能吸引他们的注意，使他们享受到阅读的乐趣。如果正好你选择的领域市场还未饱和，读者收到你的来信后将会对你充满感激，认为你是在造福大家，提供一项公共服务。公共服务是一个很有优势的产品定位，一旦他们将你的业务视为公共服务的一部分，就会持续阅读你提供的内容，还会告知他人，之后你的业绩和名声都会得到一定程度的提升。只要受众喜欢你的产品，愿意一直订阅你的内容，广告商就会纷至沓来。

自流量生活创业者的秘诀：发布电子内容是规划生活方式的一种工具

发布电子内容最令人开心的一点是你可以选择自己想要的世界：比如在写博文时，你发布的内容不一定非得是自己擅长的领域，可以有很多其他方面的尝试。电子内容发布的成本较低，利用博客、网络广播、视频都可以，你想了解哪方面的内容，就可以选择这个主题。一旦你开始涉及这些领域，就会跟这个领域的人有交流，这种交流和学习还能为你规划未来的生活奠定基础。

自流量生活电子内容发布的两种形式

当你发布电子内容时，可以发展两个群体的受众：商业人士和普通消费者。这两个群体都能为你带来商机，具体要根据你的专业知识和爱好来选择。

发布针对企业的商务内容

在发布电子内容时，我最喜欢的目标用户就是企业用户，不管哪个领域的上班族都会在下班后上网娱乐，也会在网上看看跟自己行业相关的新闻。尽管目前很多市场已被开发（市场上有专门针对年轻程序员的博文等），但发布电子内容几乎在每一个领域都能找到小众市场。

基于以下两个原因，我认为针对企业发布的电子内容市场更广，销路也更好：

- 企业对企业的业务能够获取利益。你可以帮助不同的企业销售彼此的产品，或是推销自己的产品。
- 对于某个行业的知识储备和一定的人脉能帮你减少竞争。

发布针对单个用户的娱乐和消费性内容

其实娱乐、休闲以及购物等市场永远都有开发的空间，减肥、运动、政治、电影、音乐、宠物、园艺盆景、机械维修等话题都是很好的选择，你可以在这些市场上培养大批受众。

其实网上有很多很棒的例子，证明娱乐产业或者消费性内容能在网上获得热捧。这也是自流量生活创业者会获得的另一个福利，即个人会很享受产品生产的过程。

第9章 能够获得高利润的电邮内容发布

尽管在如今花式多样的众多通信手段中，电邮很容易被忽视，但它确实是最有效的方式之一。互联网时代的各种社交平台都处于不断更新淘汰中，但在商业活动中，电邮还是主要的交流方式，所以你也可以用这种方式创造自流量生活。

什么是电邮

“电邮”是一种免费的信息传递工具，如果你也用电邮发布内容的话，就会发现它是多么有用！

值得注意的是，我在这里提到的电邮指的并不是那些广撒网的产品推销邮件，而是有目的地给自己的目标受众发送产品信息。电邮不仅是一种最简单的内容传递方式，还能降低创业成本。电邮内容发布商的赚钱方式一个是卖广告，一个是发展订阅用户，这两者并不对立，发布商可以同时采用这两种方式赚钱，在用户付费升级以后，就可以去除广告。

发送针对企业用户的电邮

彼得森是网络广播节目 NTS 在线的创建者，他使用的在线营销策略非常成功，通过将电邮发送给用户，成就了自己的事业，当上了老板。他不再是当初那个小职员，而是开始为自己工作，在圣地亚哥的家里办公，做自己喜欢的事情。彼得森主要通过电邮给用户发送电子版贸易期刊，侧重于收集网络广播中的行业新闻（News）、脱口秀（Talk）以及运动新闻（Sports），NTS 代表 News，Talk 以及 Sports。每天的邮件通常包含 4 ~ 8 篇短文，内容主要是这 3 个领域内发生的最新事件，大至业内当天的最新动态、核心公司的主要人事变动、行业内关于某些话题的讨论，小至电台的推广新闻或者是几张读者寄来的参加行业内重要会议的照片。

彼得森在广播行业工作了好几十年，其中有 11 年的时间担任商业杂志 *Radio & Records* 行业新闻、脱口秀以及运动版块的编辑。2008 年离开 *Radio & Records* 的时候，他利用自己的广播行业经验和人际关系开始做在线内容发布业务，主要是为同行公司提供相关的商业信息。他跟一个合作伙伴共同经营事业，他的合作伙伴主要负责管理广告销售业务，其他比较琐碎的任务主要依靠网上的自由职业者。最初，彼得森只是每天把邮件发给他的目标用户，短短几年之后，他的邮件已经成了一个顶级的广告位，各种广告商纷至沓来，因为他们知道他的用户大都是广播电台的高管、节目制作人、销售人员以及脱口秀行业的人，在他的邮件里加入广告会更具针对性。彼得森的读者可以免费订阅邮件，因为他的收入来自源源不断的广告商，而这些广告商之前的广告都是发布在纸质杂志上的。

自流量生活创业者的采访记录

彼得森，NTS 在线发起人、主编

斯科特：彼得森，你好！请问你建立网站 NTS 在线的初衷是什么？

彼得森：我热爱广播行业，对时事、脱口秀等广播节目以及广播人物特别感兴趣。但是我对于这个行业的理解跟我之前的公司有点不一样，我认为能为用户推送信息很重要，也意识到目前人们对于接收电邮信息并不反感。生产电子内容比纸质出版物更为节省成本，并且我也想利用自己的行业知识和人脉来发展一项事业。

斯科特：实践证明了你的方法或者说你的看法是正确的吗？

彼得森：是的。我们从 2008 年开始这项事业，到目前为止，用户几乎覆盖了全美国 100 个最好的广播电台，订阅用户几乎都是脱口秀广播电台的高层，我们的广告商也都是业内的翘楚。

斯科特：你为什么选择用电邮的形式为用户推送内容，而不是通过网站形式发布呢？

彼得森：我们想要达到的效果是让读者快速而又精确地获得我们提供的信息，邮件推送就能够达到这个效果。我们也有自己的网站，但那只是给没有收到邮件，或是没有订阅我们的内容的用户看的，他们能在网上很快地找到需要的信息。

斯科特：如果有人也想做类似的电邮推送业务，你认为成功的关键是什么？

彼得森：如果要从事这个行业，在做内容之前先要明确你的用户是谁，以及要怎样才能真正联系上他们。找到答案之后，分析用户需求，之后再开始做内容。做好内容后你就可以拿着自己的内容告诉你的用户：“你看，我这儿有你想要的东西。”通常情况下，用户会欣然接受，当然，我说的这些都是我曾经用过的方法。

斯科特：对于本书的读者来说，目前市场上还有供他们开发的小众市场吗？

彼得森：我觉得一定有！我一直在做脱口秀广播的内容，如果你对脱口秀广播周边市场感兴趣的话，也可以尝试着做。

斯科特：你觉得这项事业让你最满意的是什么？

彼得森：我妻子曾经跟我说过，电邮事业“是我曾经做过的最棒的事情”，因为我从中了解到如何让用户为我的建议买单。在过去的好几年，我一直都在为别人打工，靠自己的努力工作。我也是在不久前才意识到只有做自己最了解、最有把握的事情时，才能得到真正的幸福。如果我能自己决定一切，不必靠别人来做决定，那么事业不管是成功还是失败，都不会有太多遗憾。

NEWS • TALK • SPORTS TODAY

NTS MediaOnline

THE DAILY DIGEST OF TALK MEDIA

NICK ARTIE NOW BROADCASTING 10p-1a ET/7p-10p PT

Changes At CC/Denver And NJ 101.5

KOA/Denver welcomes **Premiere Networks** *Coast-To-Coast AM* with **George Noory** to the daily lineup. Concurrently, hosts **Jon Caldara** and **Rick Barber** move to weekend and guest-hosting duties at the **Clear Channel** *Mile High City* News/Talker. Noory moves into KOA's 11pm-3am slot, moving over from Talk clustermate **KHOW**, which picks up the **Wall Street Journal Radio Network's** *The Daily Wrap* with **Michael Castner** and **Cumulus Media Networks** syndicated *Red Eye Radio* with **Eric Harley** and **Gary McNamara**.

Meanwhile, news from the *Garden State* as **New Jersey 101.5** Program Director **Eric Johnson** confirmed that the **Townsquare Media**-owned FM talker has opted to not renew evening host **Michelle Jerson's** contract and her nightly relationship focused *After Hours* show, saying that the station plans to move toward programming more consistent with its "Jersey focus" the rest of the day. "Through audience research our listeners made it clear they'd like to hear the entertaining and informative Jersey-based topics we discuss all day in evenings, as well," said Johnson in a release. While the search for a new 7-11pm host takes place, Monmouth County native **Steve Trevelise** will host the slot. Meanwhile, Jerson (pictured) says she's ready to bring her considerable chops and experience (NJ 101.5, WJFK/Washington,

"One of the most funny, quirky, and informative radio shows"

Rich Lieberman, San Francisco media writer

THE Alan Colmes SHOW

LIVE 10PM - 1AM ET

Affiliate Sales: 212.301.5439

斯科特：如果有人想采用你的创业方法，创建自己的事业，你能给他们一些建议吗？

彼得森：我会建议他们一定要动手去做，而不只是想想而已。要给自己预留资金，以及足够的时间来做这件事，不要在一开始就想获得成功。如果你能正确地看待创业这件事情，保持一个良好的心态，那么就有可能将自己的小事业发展成一份值得经营的、可赢利的大事业。

随着事业的成功，彼得森逐渐成为广播内容发布行业的“大人物”。他开始每年在洛杉矶举办脱口秀媒体峰会，每年都有脱口秀行业的“大咖”，比如戴夫·拉姆齐（Dave Ramsey）以及格林·贝克（Glenn Beck）等人参加，每年也有大批订阅用户付费参加，会议的门票又成了彼得森的一个重要收入来源。

我之所以会选择彼得森的案例作为自流量生活的第一个成功案例，是因为这个案例中他能做到的事情，其实你也能做到：

- 利用你在工作中获得的经验、技能以及人脉，开创自己的事业。
- 利用电子邮件的免费优势，节省传统纸质杂志的打印及邮寄费用。
- 把自己的目标集中在跟你有同样兴趣爱好的人身上，发展一批有价值的订阅用户。
- 邮件传递要及时、迅速，内容要涵盖当下热点，对用户的业务有一定帮助。

如果你也想做一名电邮发布商，其实不必像彼得森一样在自己感兴趣的领域有着长久的工作经验，也不必一定要像他一样，事必躬亲，每天发送的内容都由自己来做（如果将他的部分工作外包出去，当然这样成本会提高，但同时他也能空出大量时间。所以，这一切都在于自己的选择）。彼得森在广播行业的多年经验和人脉的确对他的事业起到了很大的帮助，但即使你没有像他一样的经验，也可以按照我们在第 7 章中介绍的经验和方法，在短时间内快速成为某个行业或领域的专家。

我建议你在网络上搜索一下我下面提到的这几个人以及他们的事业，其中大部分都是以企业为主要用户来发送邮件：

- 内德·谢尔曼（Ned Sherman）及其网络媒体公司 Digital Media Wire，公司网址是 www. digitalmediawire. com。
- 本·郭（Ben Kuo）及其建立的科技信息网站 SoCal Tech，他提供南加州风投行业的信息，网址是 www. socaltech. com。
- 赛斯·高汀（Seth Godin）及其创立的营销公司，网址是 www. sethgodin. com。
- 鲍勃·莱夫塞茨（Bob Lefsetz）及其音乐评论网站，网址是 www. lefsetz. com。
- 约翰·克莱默（John Kremer）及其推荐的图书营销策略，网址是 www. bookmarket. com。
- 安迪·塞诺威茨（Andy Sernovitz）及其推崇的营销策略，网址是 www. damniwish. com。
- 里奇·盖伦（Rich Galen）及其发布的跟政治评论相关的内容，网址是 www. mullings. com。

- 亨利·布洛杰特（Henry Blodget）讲述商业故事的网站 Business Insider，网址是 www. businessinsider. com。

发送针对消费者的电邮

尽管跟企业用户相比，针对消费者发布邮件的市场很多都已被占领，但在娱乐型以及信息型内容发布方面，可开发的市场还有很多。

自流量生活案例

兰迪·卡辛汉姆（Randy Cassingham），This is True 网站创办者

在几乎所有人都没有发现电邮这个市场之前，兰迪·卡辛汉姆就指出存在这一市场。实际上，兰迪在很长时间内都认为是自己开创了电邮发布这个可赢利的行业，至少在发现市场上有同类产品之前，他一直认为自己就是最早的开创者。兰迪 1994 年在美国宇航局喷气推进实验室工作的时候，就开始尝试着发送电邮，这样算的话，他开始自流量生活的时间甚至比我都早。

其实兰迪的梦想是成为报纸的专栏作家，但是在他所处的那个时代，这样的机会少之又少。互联网的普及拯救了他，帮助他实现了梦想。以下就是兰迪的故事：

> 很早以前，当我还在喷气推进实验室工作的时候，就开始收集报纸上令人匪夷所思但是的确存在的故事，将其整理后贴在宿舍外面的公告栏上。有时我还会对这些故事或是新闻给出

自己的评论。例如，我记得有一条新闻说的是有一个妇女在睡觉的时候，都会在枕头下面放两样东西：哮喘吸入器和手枪。有一天晚上她睡觉的时候，自己的哮喘病犯了，于是就赶紧到枕头下面去拿吸入器，但是却不小心把枪拿出来了，她自己没意识到这个错误，于是在把枪塞入嘴里之后，就自动按下了扳机。在这个新闻后面，我写上了自己评语：信口开河。[①]

多年以后，这个剪报以及我的评论在实验室仍然广为流传。只要我喊一声："有新故事啦！"然后坐在自己的位置上，周围的同事们定会立刻飞奔出去，围在公告栏周围看我贴上去的最新故事，同时也会被我的评论吸引。

1994 年的时候，兰迪意识到他的这个爱好极有可能帮助他成就一番事业，于是开始筹建自己的网站。到目前为止，他的网站 This is True 已经吸引了来自 200 多个国家的大约 5 万个订阅用户。为什么呢？因为他们都愿意看兰迪提供的故事。兰迪收集的故事来自世界各地，内容包括愚蠢的囚犯、不称职的老师、醉酒的笨蛋以及各种稀奇古怪的故事。他把主要内容摘出来，然后再加上自己幽默而又犀利的评论，就组成了一封邮件的内容，读者可免费订阅他的内容。

兰迪很早就开始做这份事业，1996 年辞职后更是全身心投入，所以他可能是世界上第一批放弃全职工作进行互联网创业的人。此后，他离开了拥挤的大城市洛杉矶，跟他的妻子一起生活在科罗拉多州西部的一个偏远地区，他们现在居住的这个小镇只有 550 平方

① 原文为"There she goes，Shooting her mouth off again"。——编者注

千米，他的妻子是本地人，镇上只有 4 100 人，所有道路上只有一个红绿灯。

兰迪的电邮推送业务现在很赚钱，主要是通过卖广告以及从订阅用户那儿收费，免费版含有广告，网址是 www. thisistrue. com，付费用户的内容会更多，并且不含广告。除了建立 This is True 网站之外，他还有其他一些类似的互联网内容发布，涉及风投产业，比如 Jumbo Joke、Cranky Customer，还有一家网站发布那些听起来很恐怖但是确实存在的法律诉讼事件，以及一家拥有百万销量的网店 GetOutOfHellFree. com，主要卖卡片、贴纸以及其他商品，上面印有笑话或者是搞笑的小故事。

你也可以采用这种方法创建自流量生活，尤其是当你有一定的幽默感或是有其他特殊的方式可以让自己发送的邮件内容与众不同时，这种方法会更容易成功。如果你想成功，想获得利润，不管是什么话题，只要你感兴趣，都可以被挖掘出来当作你的业务。

例如，AllHipHop 网站主要涵盖乡村音乐，乔伊斯 · 肖沃尔特（Joyce Showalter）会给用户讲述来自世界各地鼓舞人心的英雄故事；每日糖果网站［Daily Candy，它已经被康卡斯特电信公司（Comcast）以 1. 25 亿的价格收购］发送的邮件主要是跟读者分享购物心得及时尚技巧；Thrillist 提供生活资讯的电子邮件订阅服务，现在每年可获得逾 400 亿美元利润；团购网站高朋（Groupon）上亿美元的成功生意也是起于简单的电邮模式，针对目标用户推送相应内容。

如何利用电邮业务赚钱

通过彼得森和兰迪的成功案例我们会发现，广告是电邮业务最常见的赚钱方式。用户最初都可以免费订阅电邮，这样做的目的是为了吸引用户，同时也是为了把邮件内容进一步传播。如果用户太少，通过广告赚钱的方法就不太可行，但如果你目标市场上的用户比较高端，且大多数用户都愿意在这方面付费，那么即使只有几百个用户，广告商也愿意投钱。

如果你推送的内容足够好，也可直接向用户收费，但在目前竞争激烈的市场上，这种赚钱手段只适用于“第二阶段”，即你与用户之间建立起了坚固的友谊，用户成为你的忠实读者。

如何开始电邮推送业务

如果你想从事电邮推送业务，开始时必须使用信誉较好的产品和工具，成本也不能太高。其中最需要的一个工具就是使用一个可信度较高的邮箱账号，我建议从 AWeber、Constant Contact、FeedBlitz、Mailchimp、iContact 等供应商或者它们的竞争对手那儿申请账号。因为在最开始，这些公司可以让你免费使用它们的邮箱，过一段时间之后如果你发送的邮件较多，可能每个月会收取 20 ~ 30 美元的服务费。这笔费用可以让你发送的邮件安全性更有保证，不会被用户的邮箱退回或是默认为是垃圾邮件。同时，付费之后，你还可以获得一小串超链接代码，将这个代码放在自己的网站上，就能帮你收集用户的邮件地址。这个功能看似简单，却能够帮助你将新增用户的邮箱地址自动添加到个人数据库里，当用户要取消订阅的时候，这个功能还能自动帮你断掉此用户的邮箱链接，把你的邮件以互联网供应商偏爱的形式发送出去（最后一个功能很重要，这能够帮助供应商识别你的邮件，不会默认其是垃圾邮件）。

为了节省成本，你甚至可以用你的私人邮箱给用户发送邮件，但为了体现专业性，我还是建议你用一个专业的邮箱。如果用私人邮箱发送邮件，邮箱系统会自动捕捉到你朋友或是亲人的邮箱地址，并将其列入发送清单，这样一来，后期的清除过程会比较复杂，所以建议你不要使用私人邮箱。如果你将自动程序改为手动的话，后期如果有用户增加或是取消订阅，则会很容易出错。另外，如果每天你从自己的私人邮箱发送上百封甚至上千封邮件出去，互联网供应商可能会自动将你的邮件归入垃圾邮件。

电邮和博文，哪种方式更好

除了电邮之外，博客也是发布内容的一个常用方式，两者都适用于发布短文，所以问题来了，哪种方式的效果更好呢？发布内容的目标是吸引更多的用户和赚钱，所以你提供的内容一定要以读者最易看到，也最容易分享的方式发送。

我更偏向于使用邮件，因为邮件能更直接接触到用户，对用户来说，分享也更容易。如果你把邮件内容放在自己的博客上，那就意味着用户每天在忙碌的工作之余，还要抽出时间到网上看你的博文，但是邮件就不一样，它能直接到达用户的邮箱，用户只要打开看就好了，他们在看邮件的同时也看到了附带的广告。电邮对于商业人士来说尤其有用，因为他们经常通过邮件进行沟通和商业往来，所以他们对邮件的关注度自然要比其他任何通信方式都高。

第10章 博客也能赚钱

博主赚钱的方式就是在博客上发布供小众群体阅读的内容，如果读者觉得好，就会出钱订阅，这些读者通常不愿意出钱买报纸和杂志，宁愿在网上花钱买自己想看的内容。

什么是博客

博客是网站的另一种表现形式，博主会定期发布短文，或是自己所选领域内最新发生的大事件，其实这也是另一种形式的“电子杂志”。博主通常把发布的内容按照时间顺序排列（最新的放在最前面），大部分文章的主题都是博主自己感兴趣的内容。博客最开始的标签是个人日记，“技术宅”们通常用这种方式跟朋友们交流，分享自己每天的想法。之后由于其强大的影响力，现在已经发展成为一个很大的产业，也成了一个重要的社交平台，几乎每个使用电脑的人都可以免费申请到博客账号，让自己的声音被全世界听到。如果你想成为一个互联网创业者，就可以把博客作为一个内容发布的工具，利用博客不仅能在线分享自己的想法，还能创建一款杂志形式的利基产品。

跟传统的报纸和纸质杂志相比，博客有其自身的优点，因此也广受欢迎：

- **成本较低且使用方便：**发布博文的方式很简单，同时成本也很低，读者可以免费阅读，且使用方式也较为简单。读者可以通过多个平台（网页阅读、在手机端浏览、订阅浏览，也可以通过接收邮件阅读）随时查看。
- **内容发布及时：**多数博主至少每周更新一次内容，有的博主几乎每天都发布新内容。
- **互动性较强：**跟传统纸媒的“读者来信”版块相比，博客最大的一个优点就是允许读者在文章下面评论。这种快速而又简单的互动方式不仅可以让博主快速得到反馈，而且还能使读者社区得到发展，在这个在线社区，有共同兴趣爱好的人可以互动。他们之间的交流和互动能够丰富博文的内容，带来更多的点击量，同时也有利于培养读者的忠诚度，提升博客评论的质量。
- **聚合度较高：**所有的博客都有简易信息聚合（Really Simple Syndication，简称 RSS）的数据推送功能，即博客后台系统会将自己生成的新博文或者新闻事件自动推送到其他的网站、社交媒体或者是在线服务点，从而使内容得以传播，吸引更多的读者。

博客事业成功案例

博客已经有很长的发展历史，因此网络上有很多成功案例：

- 环保主义网站 Treeehugger. com 的创始人格拉汉姆 · 希尔（Graham Hill）在博客上推广他的绿色生活方式，现在已经赚了 1 000 万美元。

- 约翰斯·吴（Johns Wu）将个人创办的理财网站 Bankaholic. com 以 1 500 万美元的价格卖给 Bankrate（美国一家采集汇总个人金融产品及相关费率，在线向消费者提供信息服务的公司）。
- 美国在线以 2 500 万美元的高价收购了杰森·卡拉卡尼斯（Jason Calacanis）的博客；以 31 500 000 万美元的价格收购了赫芬顿（Huffington）的赫芬顿邮报（Huffington Post，一家新闻博客网站，兼具博客自主性与媒体公共性）；以高于 2 500 万美元的价格收购了迈克尔·阿林顿（Michael Arrington）的知名科技博客 Techcrunch。
- 娱乐记者妮基·芬克（Nikki Finke）的博客网站好莱坞头条（Deadline Hollywood）被美国娱乐公司 Mail Media Corporation 以 1 400 万美元的价格收购。
- 科技博客网站 Digital Inspiration 的创办者阿米特·阿加瓦尔（Amit Agarwal）成为全印度第一个职业博主，同时她也是《华尔街日报》（*The Wall Street Journal*）印度版的专栏作家。

除此之外，还有很多规模较小的博主也在做生意赚钱，在小众市场上找到目标受众，通过给受众发送他们感兴趣或是有价值的内容取得收益。

博主的成功故事

要想成为一个成功的博主，你要做的不仅仅是发布内容那么简单，而是需要将自己的内容有创意地展示出来。克莉丝汀·埃斯皮纳斯（Kristin Espinasse）是一个成功的自流量生活创业者，她创办的“每日一个法文词”的博客成功做到了这一点。

自流量生活创业者的成功案例

克莉丝汀·埃斯皮纳斯，博客地址是 French-Word-a-Day. com

克莉丝汀一直梦想着成为一名作家，而她找到的工作却是在酿酒厂担任秘书，但值得欣慰的一点是她工作的地方离家很近。克莉丝汀结婚后搬到了法国的圣特罗佩定居，她的老公是她大学时的男朋友，法国人。为了提升自己的法文写作能力，同时也希望自己写的故事能被更多人看到，克莉丝汀在网上开设了自己的博客。她的故事来源就是周围的人和事，素材也是自己在这个法国小城市的经历和探险，其实最初她是在网络上教读者说法语，后来就开始发布一些自己写的故事。

她的博客名字叫“每日一个法文词”，之所以叫这个名字是因为克莉丝汀发现部分来看她播客的人是想学习法语、提高自己的法语水平，或者想了解法国。通过用英语描写法国乡村风情，发布常用的法文短语，分享法语发音技巧，她逐渐吸引到很多读者，有的读者会通过邮件来接收她放在博客上的内容。尽管只是利用空闲时间写故事，克莉丝汀很快就吸引了很大一批读者，他们喜欢她分享的普罗旺斯生活，跟着她还能提高法语水平，何乐而不为呢？由于她的读者群比较集中，在有了 50 个订阅用户之后，她就收到了广告商登广告的请求，也获得了收益。

之后，她毅然辞掉酿酒厂的工作。克莉丝汀的故事是以一个外国人的视角看法国，她有时会写写自己的家庭、老公和孩子们，以及家中的狗斯摩奇（Smokey），有时她会写写她与当地人交流的故事，或是生活中的趣事，还配上当地优美的风景图片，图与文字的完美搭配为她吸引了大批读者，也成就了她的自流量生活。现在她的博客有成千上万个订阅者，通过把广告放在博客上或者通过邮件发送给用户，她赚到了很多钱，也出了好几本书，书的内容都摘自她博客上的故事。

但有意思的是，克莉丝汀没有使用任何营销手段，也没有开微博等社交媒体，就这样从最开始的零读者一直发展到现在成千上万的粉丝。她说："我曾经试过开设脸书以及推特账号，但最后还是放弃了，因为觉得那太过于商业化。我觉得如果你把心思都投入在自己的博客上，读者喜欢你的东西，自然会通过社交媒体告知他们的朋友，其实这也是一种'社交方式'。"

我问了克莉丝汀几个关于博客的问题以及博客给她生活带来的改变，以下是我们的对话：

斯科特：通过博客，你建立了自己的自流量生活，你如何评价自己的成功？

克莉丝汀：我始终都在提醒自己，能获得这样的成功是多么幸运，也对命运充满了感激。我认为人生的每一段经历都非常有意义，即使你只是去国外度个假。不管是什么经历，都要做到珍惜当下，因为不知道什么时候，你就有可能会把这段经历写进自己的故事。

斯科特：对于本书的读者来说，目前博客市场还有供他们开发的空间吗？

克莉丝汀：当然，我觉得待发掘的空间还很大。对于有热情的人来说，如果他们真的想通过服务他人，跟他人分享自己认为重要的事情来实现自己的梦想，使之成为一项事业，就一定能找到商机。做事业时，很重要的一件事就是要多听听别人的新奇点子和创新想法。要跟耐克（Nike）的广告语一样，"Just do it!"一定要全身心投入到自己的事业中去，一旦在事业上发挥了自己的创造性，你就会非常享受创业的过程。用笑容去面对一切，全心全意做事业，读者自然会不请自来。

斯科特：你觉得是博客让你的生活充满乐趣吗？

克莉丝汀：是的。一旦你开始发挥自己的创造性，让大脑动起来，就会找到属于自己的事业。我强烈建议每个人都能这样做，因为能为自己工作，做自己想做的事情，这是多少钱都换不来的。

斯科特：你还有其他想做的事情吗？

克莉丝汀：说实话，除此之外，没有什么会更吸引我了，要说有，可能就是接下来我要写的故事，写写我遇到的人、我遇到的事、去过的美丽的地方、令人充满希望的故事，以及能跟他人分享的有趣的事情。我觉得人最幸运的事就是能够做自己想做的事情，没有什么比这更美好。

克莉丝汀的人生规划对于她这样一个中学连法语都不及格的人来说，已经很棒了，不是吗？她现在对于自己的事业充满了热情，跟我一样，想要建立一份属于自己的事业。她说她现在很想问问那些有同样梦想的人，为什么不现在就开始自己的事业呢？

其实你完全可以模仿克莉丝汀的成功模式，选择一个比较受欢迎的主题（比如跟法语相关），找到一个切入点（比如每天教读者一个法语词），吸引读者每天都来看你的内容。对于那些想要学习法语的人，克莉丝汀会鼓励他们多看她的博文以及同步发送的图片，让他们相信这也是学习的一部分。

自流量生活的成功秘诀：用图给文章加点料

克莉丝汀的成功案例告诉我们，如果能在博文上配上吸引眼球的图片，可能会帮你引来不少的读者。如果担心自己的拍照水平不够，可以找人帮你拍。你也可以去网站 iStockPhoto. com 上寻找相关图片，这家网站的图片卖得比较便宜，并且税也不多。你也可以到图片分享网站雅虎网络相册上找免费的照片，或者去一些知识共享网站，上面有成千上万的图片，摄影师会把他们拍摄的图片免费分享给用户，只要求用户在使用的时候附上署名或者是附上链接即可。

博客怎么赚钱

大部分博主都是通过把广告放在网页上来赚钱，读者越多，点击广告的读者可能就会越多，越多的读者点击广告，博主就能赚到越多的钱。最好用的互联网广告服务是 Google AdSense，关于这个问题我会在第 22 章详细说明。在 Google AdSense 上注册一个账号之后，你就可以把谷歌的广告代码复制粘贴到自己的网页上，几分钟之后，广告就会显示在你的网页上，只要有读者点击，就会给你带来收益。

6 步教你开始自己的博客之路

博客是进行互联网运营最简单也最快捷的途径，在几分钟内注册一个博客账号，紧接着就可以开始写东西，跟世界分享自己的想法。下面我来告诉你如何快速开始：

第 1 步：选择博客主机托管服务

你可以选择免费的主机托管服务，比如 Wordpress、Typepad、谷歌的 Blogger 或者 Tumblr 等博客平台（目前很多博客软件都依托网络“云端”，即主机托管服务，不管博主在什么地方，都能通过本地服务器登录自己的账号。也就是说想要登录自己的博客，浏览图片、文字，只要通过浏览器，比如火狐、IE、Chrome 等，用自己的账号登录就可以，不用必须在自己的电脑上安装额外的软件）。就国外来说，WordPress 的应用范围最广，也最受欢迎，其中最大的原因可能是因为免费吧，但是它需要用户经常更新，且要求安装安全补丁。我用的是 Typepad，它不免费，但跟 WordPress 相比，在软件维护方面的工作要少得多。Blogger 是谷歌的免费博客，跟 Wordpress 和 Typepad 相比，它的功能不是很强大，但是我觉得它很值得推荐，因为谷歌公司可能会将其与公司的谷歌 + 以及其他服务工具结合在一起，从这方面考虑，使用这种工具的博主可能会获得更多的收益。但其实大部分博客功能都很类似，用起来也差不多，常见的功能几乎都有，其实可以随便选一个，注册之后记得为自己的博客主页选择一个装饰主题，包括页面设计、标题图片、总体颜色以及字体等。

支出：有的免费，有的每月需要 20 美元的服务费。

第 2 步：选择域名

在为自己的博客选择域名时，一定要遵循简短、易记、易读、不重复的原则，后面一定要跟“. com”。调整域名映射，使域名跟新博客的网址一致。

支出：每年最多 10 美元。

第 3 步：使用搜索引擎优化，吸引免费的搜索引擎流量

弄清楚用户在使用搜索引擎时，会使用哪些关键词来搜索跟你的博客主题相似的内容。践行搜索引擎优化策略，尝试着在域名、网页标题、菜单项、文件名以及整个博客内容中都加入这些关键词，让浏览器在进行搜索时，能自动识别你的博客内容，便于将你的网站和网站内容更多地展示出来。

支出：零。

第 4 步：确定最初的营销策略

你最开始写博客的时候就要考虑如何才能吸引读者，所以你要向读者传达的观念就是你写的东西都是发自肺腑的，这是你自己热爱的事业，同时也要向他们表明你很愿意帮助他们解决难题。越能让读者了解到这一点，读者就越有可能把你的内容分享到自己的社交平台上。谷歌浏览器会根据网友分享链接的数量、提到的次数、喜好以及社交媒体平台上的评论反馈来判断你的博客对于浏览器搜索量的提高是否有用，如果有用，浏览器就会在用户进行相关内容

搜索时，自动将你的内容排在最前面。

支出：零。

第5步：安装谷歌的Google AdSense工具

加入谷歌的点击付费广告项目，将相关广告代码复制粘贴到你的博客主页上、网站边栏以及论坛模板上，不管读者什么时候来看你的网站，只要他们点开了广告，你就能赚钱。

支出：零。

第6步：收集读者邮箱地址

做生意是相互的，所以千万不要等着读者自己来发现你，你也要主动去联系读者，向他们销售自己的产品。列出读者邮箱地址，通过Aweber、Constant Contact、Feedblitz以及Mailchimp等申请邮箱服务，然后把他们提供的代码安装在自己的博客上，当用户浏览你的网站时，他们的邮箱也会被自动记录下来。

支出：花费不等，有的最开始免费，但是之后每个月会收取10～30美元的服务费。

这重要的6步能帮助你建立一个发布平台，使博客成就你的自流量生活。

开始步骤需要的总开支：每个月只花费你吃一顿大餐的钱，可能还会更少。

简单的博客内容生产策略

为了让博客有效运转起来，最开始你需要发布一些短文，不用太长，每篇 200 ~ 600 字即可，不管什么话题都可以，只要是你自己喜欢的类型。为了提高阅读量，增加读者，聪明的博主会在文字中加一些图表，或者图片，给读者提供电邮服务（这项服务可以向读者自动输送新的文章）。你可以每个月发一篇长文，也可以每天发 10 篇短文，决定权在你，由你根据目标读者想看的内容以及看的频率决定发布的内容和频率。

但记住要经常更新博客，如果你爱好写作，那就更好了，但如果写作不是你的强项，那么下面有几种策略可以帮助你做到及时更新博客：

- 邀请朋友或是本行业你认识的人写文章，赋予他们“客串博主”的身份。
- 从类似 EzineArticles. com 的数据库或是其他网站找一些免费的文章，放在自己的博客上。
- 采访一些业内人士或者对相关产品做测评，把采访内容和测评记录放在博客上，这也是原创内容。
- 尝试用我们在第 8 章中讲到的策略，对网上内容筛选发布，或是链接其他网站来丰富博文。

用我们将会在第 21 章中讲到的“四周内容发布策略”，快速增加博文内容。

开设博客账号很容易，所以这个领域存在很大的竞争。为了能取得进一步的成功，你一定要谨记我们在前几章中讲到的找准市场策略。如果你想学习如何获得更多的点击量，还可以注册我的网络教学平台，我会教你如何吸引更多流量。注册之后，我每天都会发送一个视频到你的邮箱，帮助你学习。

第11章 成为播客也能赚钱

播客节目能围绕着某一个话题，吸引一批固定受众，它的赚钱方式类似电子杂志，即只要能收获大批受众，就能通过广告赚钱，或者通过在节目中推销产品赚钱。

说到这儿，你或许会问，什么是播客？这个词听起来很专业，但其实很简单，它是网络声讯节目的一种，也是对制作和发布这些节目的人的统称。其录制的对象是电台节目、演讲音频、音乐或者观众喜欢听的其他节目。播客内容的呈现形式通常是 MP3（一种音频压缩技术）格式，听众可以将其下载到自己的 iPod 或者智能手机上。也有的播客内容呈现在网页上，听众只要打开网页，点击“播放”按钮，节目就会自动播放（如图 11.1 所示）。

图 11.1　网页形式的播客

录音都是电子文件，很容易被存档，也能够在互联网上免费传播。尽管网络电台节目在播放时并没有太多听众，但其电子录音文件能够被永久保存，即使直播节目结束了很久，听众也能够在网上找到节目的电子文件。

很多播客节目最开始都是作为一种推销工具存在，个人或者传播公司会把自己的在线节目录下来放在网上，形成一个传播平台，便于受众对自己的产品和服务进行讨论。

随着我们的生活日益数字化，播客听众也在迅速增长。前几年，播客大多是技术导向性较强的节目，目标听众是年轻的男性技术人员，他们是最早的一批电脑用户。近几年，播客的内容覆盖面逐渐大众化，涉及大部分人喜欢的运动、商业、健康、政治以及喜剧等领域。随着越来越多的人学会了上网，网民群体在逐渐扩大，不再仅局限于懂技术的人。这种大众化趋势的发展依赖于不同人的不同需求，每个人的兴趣、想要了解的信息、遇到的问题都不同，他们想要得到的解决方法也不同。播客提供了一种完美的信息传递方式，针对不同的人群，听众需要的内容以广播的方式直接传递给他们。

自流量生活创业者的成功案例

广播节目：贝蒂的飞行趣事

跟我一样，贝蒂热衷于播客事业，她的自流量生活获得了成功，在这里她会跟你分享她的成功经验。贝蒂可能是世界上最受欢迎也最知名的空乘人员。为什么呢？因为她开办了一个播客节目，主要跟听众分享作为一名空乘人员，她在飞行过程中遇到的一系列趣事。这个话题很特别，再加上贝蒂非常有趣的说话方式，她的节目“贝蒂的飞行趣事”每期都能吸引大约两万名听众。全世界范围内的听众都在听贝蒂分享的乐事、令人伤心的事，或是人与人之间各种误解的故事。贝蒂之所以能开设这个节目，是因为她已经在航空业工作了 17 年，除了讲述自己遇到的事之外，她也会分享她的同事，包括飞行员、其他空乘人员遇到的事。

最近，我对她进行了一次采访，整个过程我们聊得非常开心。

斯科特： 贝蒂，你是如何开始自己的播客事业的呢？

贝蒂： 其实我一开始就喜欢跟身边的人分享我在飞行中遇到的趣事，包括其他空乘人员在飞机上遇到的非常不可思议的事情，而这些事乘客们从来都不会知道。我喜欢说话，实际上，我算是一个话痨吧！在 2005 年的时候，跟我同一个航班的飞行员邀请我参加他的一个广播节目。有一天，就在飞机上，他准备了一个微型耳机，一个录音设备，我们就在驾驶舱里录节目了，那天我讲了一些自己准备的故事。后来，他就鼓励我多给他提供一些素材。后来我自己花 500 美元买了录音设备和一个微型耳机，当时我也不知道应该怎么做，就像人遇到新事物时，通常会束手无措，所以我第一次录的内容非常糟糕，把录音发给他之后，他就建议我：“为什么不做一个自己的节目呢？”基于那时我上过了他的节目，也有了需要的设备，就决定自己尝试一下做播客。幸运的是，那个飞行员在自己的节目里向听众介绍了我的新节目，所以我立刻就有了一批听众。我的播客内容是生活中的一些琐碎事，我把它们用一种听众喜欢也感兴趣的方式说出来，最开始纯粹是自己喜欢，后来才把它当作一项事业。

斯科特：当时你觉得做一名播客，讲故事给别人听，会成为你的一份事业吗？

贝蒂：当时其实根本没这么想，都是很偶然的，我开始做的时候从没想过它能成为自己的事业。除了把故事录好，放在网上给读者听之外，其他的我什么都没做。我没有尝试着做一些营销工作，推销我的节目，也没有做广告，是在节目火了之后才考虑要不要做一些推广。在我做自己的播客之前，没有人会在意我说什么，但是当我开始做播客之后，有出版社找到我问我是否愿意出书，而在那之前，根本没有人邀约我。现在只要是跟空乘人员有关的活动，主办方都会联系我，问我是否愿意参加，因为我的名字和节目总是排在网络搜索指数的前几位。英国广播公司（BBC）、美国国家公共电台（NPR）等知名的广播电台以及杂志曾打电话过来邀请我接受采访。

斯科特：我们都知道，作为一名空乘人员，你的工作肯定很忙，你是怎样在忙碌的工作中抽出时间来做节目的呢？

贝蒂：这是互联网和播客带给我的另一个惊喜，这项事业可以忙里偷闲去做。生命是有限的，人不可能用生命换钱。如果生活中出现了新事物，你需要停下来休息一下，就像我偶尔也会休几个

星期的假。

斯科特：现在你的受众是哪些人？大概有多少位听众？

贝蒂：我最近刚查过这个数字，节目的下载量一共是 100 万次，其实这个数字令我非常惊讶！但它不是一蹴而就的，而是日益累积起来的，现在我的节目比之前更受欢迎，每期大概有两万名听众。

斯科特：你如何发现故事？

贝蒂：最开始我会采访从事航空业的人，收集他们的故事，鼓励他们把故事写下来发送给我。我发现听众们都喜欢老式的讲故事方式，原创故事以及个人经历往往能拉近你和听众之间的距离，让他们有一种跟你是朋友的感觉。通常来说，当他们用 iPod 听节目的时候，我的故事始终都“萦绕在他们心头”。

斯科特：你的事业更多地依靠互联网，但是你没有在管理网站上花费太多的精力和时间，是吗？

贝蒂：对，我的确没有花费太多时间和精力来管理网站。我每个月给提供播客托管服务的网站 Libsyn. com 5 美元，他们会帮助我管理网站，把节目以文件的形式录制下来，放在网上供网友下载。的确，如果能雇用专门的人来帮助我管理网站的话，它会变得更好，但我觉得现在即使没有花费太多钱，网站运行得也不错，所以没有必要额外支出。

斯科特：你怎样解决录制过程中的技术问题？

贝蒂：关于技术问题，其实我根本不知道那些机器是什么，只是知道怎么用而已。有时候听众会给我寄信，跟我反映节目的音质问题，这时我就会用谷歌搜索一下这个问题，自己学着去解决。其实在技术完善的问题上，听众帮了我不少忙。

斯科特：你的播客如何赢利？

贝蒂：我的节目其实从最近才开始赚到钱，在节目中我会告知听众点击页面上的广告，比如亚马逊的广告等。我也试过其他不同的广告方式，但是我认为这种推广最好，不需要做太多的努力，只需在节目中用30秒的时间告知听众。其实听众也很支持我做广告，因为他们喜欢我的节目，想让这个节目继续下去。我对广告有自己的想法，不会花费太多时间在这上面，也不会刻意去拉广告。广告商会主动联系我，跟我谈投放广告的事情，要求在节目开始时提一下他们公司的名字。我喜欢这种广告方式，不喜欢完全依靠听众的点击率赚钱。

斯科特：所以现在广告商的赞助以及网页上的附加广告是你的主要利润来源吗？

贝蒂：对，但是我也在试图将播客节目收入多样化，在不额外投入太多精力的情况下，使收入能持续增长。我会在网上卖节目主题T恤（每个月只要给“个性印品”网站 CafePress. com 6美元，就能定制产品）。该网站会给我设计产品，并负责销售、邮寄、收钱等工作，而我则从每笔销售中收取一定的费用。我还曾经写过关于播客的书，得到了版税。时间久了之后，这些副业也能为我带来收益。例如，随着节目主题T恤和书的售出，越来越多的人认识了我，认识我之后，他们就会去听我之前的节目，听的时候，会顺便点击一下广告，我自己甚至不用跑腿儿，钱就来了。

这项事业带给我的不仅是钱。在这个过程中，我还收获了很多乐趣。这个节目带给听众的好处完全超乎了我的意料，曾经有个住院的病人给我写信说："我生病了，在住院，是你的节目帮助我度过了艰难的治疗过程。"看到这里，我就会想："这是真的吗？想不到我的节目竟然有这样的效果！"我现在已经着手写第二本书了，其实这是我从来没有想过的事情，我从没想过自己会出书，更不用说会出第二本书！英国广播公司曾把我称为世界上第一个播客空姐，但我从来没想过自己在某一方面会获得"世界第一"这个称号。每当某一天过得不开心时，我总喜欢回家后按下电话的答录机播放按钮，里面有我跟很多知名广播节目制作人，《今日美国》（*USA Today*）、《今日心理学》（*Psychology Today*）等报纸和杂志记者的语音聊天记录，我听的时候就会想："这就是我现在的生活，而几年之前，我根本不会想到我会成为现在的自己！"如此一来，我的心情就会好很多。

斯科特：你对那些跟你一样，想把播客当作自己事业的人有什么好的建议吗？

贝蒂：如果你真的想做播客事业，那么不管你现在的工作是什么，都会对以后的播客事业有很大帮助，这项事业做起来并不难。如果让有些人来做我现在做的事情，他们会觉得"做不了"或者"能力不够"，但是我想说：既然我都能做这件事，那么他们也能。很多 25 岁以上的年轻人根本没有意识到互联网的价值及重要性，也没有意识到互联网触及的范围有多广。一旦你把内容、产品或服务放在网上，它带给你的反馈或是答案真是多到不可计数。其实最难的是迈出第一步，我之所以能开始，是因为我之前提到的飞行员推了我一把，在节目里向听众推荐了我的节目。当你投入了足够的精力和时间时，你也很快就能建立起自己的品牌和推广平台。我就是在自己甚至还没有意识到的情况下就有了自己的播客平台，在这个平台上，我能够让自己的收益来源多样化。

我自己的网络电台秀

跟贝蒂一样，我也有自己的播客，它是我最喜欢的一种自流量生活。自2008年起，我就开始在网上做播客推广。你可以在网站ClickMillionairesRadio. com上免费下载我的播客节目，也可以在iTunes（一款免费数字媒体播放应用程序）上或者网站BlogTalkRadio. com上订阅，同时我也会把每期节目放在博客上，你还可以在ScottFox. com以及ClickMillionaires. com等网站上找到我的播客节目，在广播频道Geekcast. FM，社交媒体脸书、推特以及谷歌+上你也能听到直播，我的播客节目每期都有成千上万名听众。播客是一个双赢的营销工具：听众从我的播客中获取重要信息，这能帮助他们，我也会感到很开心，节目中有趣的采访桥段也能帮助我吸引更多的听众和新的宣传伙伴。

成为播客是我极力推荐的一种赚钱策略，对于那些善于聊天，而不善于写作的人来说更是如此。如果你想不花太多钱就能产出优质的内容，可以邀请朋友、畅销书作者或者跟你的谈话主题相关的公司高层在节目里跟你对话。

怎样开始做自己的播客节目

播客听起来很复杂，但其实做起来很简单。只要把话筒或是带话筒的头戴式耳机设备连到电脑，带上之后开始说自己想说的话，把内容录进去即可。你可以使用免费的录音工具，比如 Audacity（一种免费的录音工具，贝蒂用的就是它，你可以在 audacity. sourceforge. net 网站免费下载这个工具）等，按下红色的“开始”键就可以开始讲话了。录音完成后按“保存”键就可以把自己录制的内容保存下来。之后你就可以把录音传到网上，供网友免费下载。这就是播客内容的制作过程。

当然，你可以花大价钱买一些专业设备，也可以将心思花在选择好的音乐背景或者提高输出音频的质量上。大多数听众都是戴着耳机听播客，所以播客内容的音质很重要。但说实话，听众从网上下载播客节目时，他们可能并没有期待下载的内容音质有多好，更多是期待自己能听到符合自身需求和爱好，更随性的、拥有不同视角同时也能给自己带来欢乐的内容。

所以，贝蒂花了 500 美元购置录音设备，现在看来完全没必要。你甚至可以直接把电话打进一个免费的服务网站 BlogTalkRadio. com 来录音，在这家网站免费注册一个账号之后，它会自动帮你录制用这个账号打进来的电话。你可以跟网站客服对话，问他们问题。当你把一整期想说的话说完之后，网站同时帮你录制了下来，给你提供一个可嵌入的 HTML（超文本标记语言）代码，你把这个代码放在自己网站上，听众只需按下播放键就能收听完整的节目，同时网站客服还会帮你记录听众数量。一些比较专业的播客通常对 Blog

Talk Radio 网站不屑一顾，认为这家网站提供的免费工具比较简单，不够专业，但我觉得这正是它的优点。

自流量生活创业者的成功秘诀：使用 iTunes 的免费播客功能

iTunes 拥有世界上最全的播客目录。把自己的播客节目上传到它的搜索引擎之后，它会自动帮你匹配用户，吸引听众。只要点击 iTunes 页面的“播客”，你的播客内容就会被它收录进目录里。点击页面上右手边的“提交播客”链接，把你播客种子的 URL 地址粘贴进去，iTunes 就会自动收集你之前的每一期节目，将其整理后归档，放在自己的目录里，供世界上每一个 iTunes 用户免费收听、下载以及订阅。

如何利用播客赚钱

播客可以给你带来很多直接或者间接的收益。

获得间接收益的方法最简单。对于已有商品来说，播客本身就是一个很好的广告平台，你可以利用这个平台推销自己的产品、宣传新品或者在节目中采访你的听众群体感兴趣的重要嘉宾。如果你的宣传方式得当，且推销的产品以及宣传的内容能引起听众的兴趣，自然能提高产品销量，增加听众咨询的机会，提升产品口碑，从而带来更多的广告合作伙伴，甚至还会带来赞助商。

直接收益则来源于广告商或者赞助商。遗憾的是，类似于谷歌的 AdSence 等在线广告工具还未能免费应用于播客（尽管目前的确有些播客平台会卖广告，之后按比例把收益分给播客用户）。所以你要把广告放在网上，利用广播的“广告时间”向听众推荐，让他们去点击广告，利用这种途径帮自己赚钱，这是贝蒂经常使用的方法。想知道如何能吸引赞助商，从他们那儿赚钱，具体内容请参考第 22 章。

播客节目的优点

我是播客的忠粉。作为一种最简单、成本最低的赚钱方式，播客不仅能帮助你宣传产品，让你从中获得无限乐趣，还能够帮助你：

- 赚钱：播客不仅是传递内容的工具，还可以作为自己推销产品的平台。
- 发挥自身创造性：你是播客节目的主持人，同时也是节目的明星。你需要为节目挑选嘉宾、设计问题、设置流程，尽量让节目更有趣，在这个平台上，你的创造力能够得到充分发挥。
- 接触更有趣的人：“播客节目主持人”的身份能够让你有更多的机会接触明星、作家以及所在行业的知名人士。
- 培养与听众之间的感情：如果听众经常听到你的声音，他们会对你有一种亲近感，这能够增加他们的忠诚度，他们也更愿意向亲友推荐你的产品。
- 享受专家待遇：如果你的播客节目有一个固定的主题，时间久了之后你肯定会被认为是这个主题领域的专家。当你成为一名专家之后，光环效应会帮助你吸引更多的合作伙伴、接到更多演讲邀请以及参加专业会议等活动。

- 建立节目库：当你做了几期节目之后，就可以建立一个节目库。这对你来说是一笔财富，能为你带来持续的听众和流量。贝蒂曾经说过："广播都是直播，所以从时间维度上来说，当你听到的时候，它就已经是过去时。但是播客不一样，当你有了一个新粉丝之后，他除了会听当前的节目，也会去听你之前的节目。"跟贝蒂一样，我也发现播客能为你带来持续的收益，即使在你结束录制之后，仍然能获得收益，因为你的节目还在网上，新的粉丝会去听你之前的节目，这就会为你带来新的收益。

贝蒂告诉我："如果没有那个飞行员的帮助，或许我永远不会开始做播客。"

是的，要相信自己能够得到他人的帮助。

自流量生活创业者的成功秘诀：为节目请嘉宾

对于新播客来说，最大的挑战就是为节目邀请到合适的嘉宾。在 2008 年刚开始做播客节目时，我也遇到了同样的难题。为了解决这个问题，我做了一个免费的嘉宾邀请网站 RadioGuestList. com，现在它已经是网上最大的嘉宾邀请服务网站。如果你遇到了同样的难题，也可以上这个网站看看。如果你是播客，就可以免费在网上提交自己的"嘉宾邀请"，网上有个表格，你只要按照那个表格写出自己的要求就行，再分享一下节目的大致内容。RadioGuestList. com 的客服人员稍后会将你的邀请发送至全世界各地可以接受访谈的相关行业的专家、公关公司、作家以及名人。这项免费服务会帮助你节省很多时间，同时也会帮助你将播客迅速打造成一项可赢利的自流量生活。

其他播客资源

以下是我推荐的播客：

- 米奇·乔尔（Mitch Joel）的《分离六像素》（Six Pixels of Separation），主要讲述营销和交流技巧，为听众提供及时的现代营销策略，网址是 www. twistimage. com/podcast。
- 安德鲁·华纳（Andrew Warner）的《创业社区》（Mixergy），讲述创业者与创业者之间的对话，各公司的创始人会讲述他们的创业故事，网址是 mixergy. com。
- 《聪明地获得播客收入》（The Smart Passive Income Podcast），讲述互联网创业者帕特·弗林（Pat Flynn）的成功故事，网址是 www. smartpassiveincome. com/category/podcast。
- 《播客大秀》（The Big Biz Show），这是一个国家级的、真正的商业访谈类节目，我经常作为嘉宾参加，网址是 www. bigbigshow. com。
- 彼得·安东尼·霍尔德（Peter Anthony Holder）的《搞笑档案》（The Stuph File），讲述娱乐新闻，同时也会跟听众分享一些趣闻趣事，我曾经当过好几期节目嘉宾，网址是 www. peteranthonyholder. com。

- 克里夫·拉夫斯克拉夫特（Cliff Ravenscraft）的《播客达人》（The Podcast Answer Man），帮助你了解怎样才能在播客里呈现高品质的声音，网址是 podcastanswerman. com/category/podcastanswerman。
- 《自流量生活创业者成功秀》（Click Millionaires Success Show），网址是 www. ClickMillionairesRadio. com。在该网站你可以免费下载节目，也能将节目下载到手机或是 MP3 中。我们提供的内容多种多样，有娱乐性质的，也有专家访谈，包括脸书的营销策略、公关问题、点击付费广告，也有联合营销以及其他有效的互联网成功营销策略等内容。

第12章 如何利用在线视频赚钱

发布在线视频逐渐成了一种流行的赚钱方式，不管是自己拍视频放网上，还是利用音视频平台 Ustream 和 Livestream 等制作网络节目，或者通过免费网络电话软件 Skype 和谷歌 + 做在线直播访谈，你都可以用视频在网上赚钱，成就自流量生活。毕竟，目前的在线视频制作方式比之前任何时代都简单。

仅仅在美国，每个月的网络视频播放量就达到将近 150 亿次。视频播放平台 YouTube 是世界上第二大搜索引擎，如何买房，怎样去除头皮屑，如何开始学习斯瓦希里语（Swahili）或者怎样更好地喂养豚鼠，每天都有上百万人在 YouTube 上查找这种冷门问题的答案。这就给你提供了一个机会，将你知道的答案，或是了解的相关信息做成有指导意义或者娱乐性质的视频发布在网上，借此赚钱。

对于希望通过发布在线视频赚钱的创业者来说，YouTube 是一个很好的平台。它有一个“合伙人项目”（Partners Program），只要你是这个项目的成员，就能每年从 YouTube 上百万美元的广告收益中分成。这个项目成立于 2007 年，主要负责广告销售，凡是你能在 YouTube 上看到的广告，基本上都是由这个项目管理，它会把 60% 的广告收益反馈给视频制作者，这批人大约有 2 万，来自全世界的 22 个国家。其中有上千人仅靠广告收益分成每年就能赚到十几万美元，有的甚至更多，有些人干脆辞掉了自己的工作，专心从事视频制作、在线教别人做视频。

自流量生活创业者的成功案例

戴夫·鲍尔斯（Dave Powers），YouTube 视频红人

戴夫曾经是一名专业的私人健身教练，现在是 YouTube 上的一个红人。不管你信不信，他现在的这项事业起源于他无意中上传到 YouTube 上的一个遥控飞机视频。

接下来我们来听听他的故事，你会发现他的案例适用于你想参与的任何一个行业。

斯科特：戴夫，你好。大家都说你能在网上做生意赚钱，但是我觉得遥控飞机只是某些人的个人爱好，是个非常小众的市场，这也能成为一项事业吗？

戴夫：我知道，对于大部分人来说，遥控飞机只是一个小玩具，当作事业来做的话，是很荒谬的。但是从 2006 年，还是 2007 年开始，我就开始往 YouTube 上上传我遥控飞机的视频。这个过程很有趣。

斯科特：你是怎样开始这项事业的？

戴夫：高中的时候，我父母想让我培养一个爱好，所以就给我买了一个遥控飞机。毕业后我在一家健身中心做私人教练，但一直工作得不开心。我想找到生活的意义，也想让生活更加丰富多彩。我的小伙伴说："你那么聪明，干吗不自己创业呢？"我也开玩笑说："对呀，我也觉得，但是究竟做什么呢？"他说：

"我不知道，但是你中午休息的时候都会玩儿一会遥控飞机，怎么不做点跟那个有关的事儿呢?"

之后我就开始了，虽然一开始不知道要做成什么样，但我对自己的事业充满信心。我开始自己设计并制作遥控飞机，还在一个遥控飞机论坛上销售遥控飞机，但从来没有发布过收费广告。我只是参与论坛上的话题讨论，然后跟网友交流，跟他们交朋友，之后就有了一批固定粉丝，在销售遥控飞机的同时我还会给用户提供很多额外的附加服务。这项事业进展得很顺利，甚至太顺利了，我无法一个人完成遥控飞机配件加工、组装和销售工作。

斯科特：所以后来你就只做遥控飞机配件的制作和销售是吗?

戴夫：是的。据说有些人在用自行车载东西的时候，人在前面骑车，后面的车座上会叠着一摞纸箱子，一层层叠起来，几乎能叠到 3 米那么高，你在网上也能看到类似照片吧?我当时就是这么做的。我把用户预订的遥控飞机做好之后，就会放在盒子里包装好，然后把盒子摞起来放在自行车后座上，一层层摞起来，后来盒子摞得比我都高，然后骑车去邮局寄东西。在事业刚开始的那几年，我都是这样做的，以至于朋友们在路上看见我骑着车运货就会躲得远远的，因为他们觉得很尴尬。经过了最初那几年的努力，我在遥控飞机爱好者的圈子里有了一点名声，同时也有了一定的用户。在创业最初的那一段时间里，我除了销售产品之外，也在思考如何成为一名真正的创业者，一个真正的生意人，而不只是一个在网上卖东西的小商人。

斯科特：所以当事业开始扩大的时候，你已经意识到互联网能够让你的工作更轻松，赚更多钱是吗?

戴夫：是的，的确是这样。我最初的业务就是卖遥控飞机及其零部件，但是后来生意没之前那么顺利，因为中国的很多大公司也开始直接销售遥控飞机给个人，他们更有竞争优势。这就迫使我不得不考虑其他的赚钱途径，以及“怎样才能竞争过这些大公司”。你也知道，跟这些大公司不能硬碰硬，不能打价格战，所以我就开始动脑筋思考：怎样才能做到不依靠物美价廉的产品赢得用户？大公司的弱点是什么？

我妻子瓦尔（Val）说：“或许我们可以注册一个 YouTube 账号，利用这个平台推销产品。”那时候 YouTube 刚开始流行，差不多是在 2006 年、2007 年的时候，我当时说：“不，不，我不想注册 YouTube，我知道那个，但是我可没那么多时间去打理，一个在线论坛已经忙不过来，更不用说再多一个了。”

斯科特：你当时已经在论坛上发布视频了吗？

戴夫：是的。当时放在论坛上的视频帮了我很多忙。有些新用户经常会问：“遥控飞机怎样才能飞起来？我应该怎么操作？这个零件的用途是什么？”我就会跟他们说：“这样吧，我给你做个视频，你就什么都知道了。”之后我就会把做好的视频发送给提问者。但是后来又有了新的问题，有的用户反映他们的电脑播放不了我传过去的视频。为了方便用户，我妻子就在 YouTube 上注册了一个账号，因为她实在不想一遍遍地给用户发邮件了。我们把视频放到 YouTube 上，没想到的是，该视频被放到 YouTube 上一个星期的点击量比放在论坛上一年的点击量都多。之后我就开始把重点放在 YouTube 上，研究怎样才能利用好这个平台。但最初有点胆怯，因为完全不知道要做什么、怎么做。

斯科特：后来你是怎样用 YouTube 把自己的在线视频变成了一个网红节目呢？

戴夫：最开始我会试着想自己曾经做过的比较成功的事，但对于 YouTube 创业还是有点胆怯。有时我会问自己："我该怎么做，怎样克服自己的恐惧？"后来对视频操作熟悉之后，我就开始尝试每天登录 YouTube。这就像是一个人到了别人家，根本不知道哪儿是哪儿，但如果每天都去转悠 10 分钟，就能快速熟悉这里。

其实论坛也一样，最开始我在经营的时候有点担心，不知道该怎么做，但是每天都登录后，它就成了我最熟悉的地方。YouTube 也是如此，我对自己说："戴夫，不要怕，这没什么。每天登录一两个小时，在上面随便看看，很快你就知道该怎么用。"果然，几个月之后，我已经学会了熟练使用 YouTube，甚至会去看看其他"大咖"的视频，即使他们的视频跟我的类型完全不一样。每天只花一两个小时的时间去接触 YouTube，我就已经感到很熟悉了。朋友或家人有时给我打电话的时候会问："在干吗呢？"我会说："我现在很忙，忙着学习如何用 YouTube 呢。""哦，那好吧，你要加油哦！你看你把健身房那么好的工作辞了去卖玩具，现在是不是又想成为一个网红呀？"我就会说："对呀，我就是要成一个网红，好啦，等着吧。"

斯科特：你那时多大？

戴夫：我那时 28 岁，已经结婚了，然后就是这么一个人，跟别人说"我要成为一个 YouTube 红人"，周围人的反应是："YouTube 是什么？"

斯科特：说到这儿，戴夫，人们可能会好奇，你是不是真的存在，或者说你说的话是不是真的，你能否跟读者介绍一下你的视频？

戴夫：当然可以。我的视频平均都是 3 到 5 分钟，不算很长。内容大都是我们在野外的试飞过程或者是针对初学者的指导视频。到目前为止，我们的视频一共有一亿次的点击量。YouTube 上的视频每天都有 10 万次的浏览量，仅仅是 YouTube 上的广告，每个月就能为我们带来几千美元的收益。

斯科特：YouTube 确实给你带来了实实在在的收益，那你的电子内容下载业务的收益比 YouTube 赚得更多，是吗？

戴夫：是的。我们把视频放到 YouTube 上不仅能赚钱，获取每天 10 万的点击量，还可以在视频上添加链接，把流量引到任何一个网址，我们可以添加自己网站的链接，或者其他任何一个网址。除此之外，花费 47 美元，用户就可以下载我们的完整视频，主要是教其如何操作遥控飞机。通过销售可下载的电子产品，我们赚了不少，只要通过互联网银行（ClickBank），就能把点击量换成实实在在的收益。

斯科特：很多人最开始做视频的时候都会有顾虑，认为是不是要准备一个很大的摄影棚，或者视频是不是要做得很精美。但我看过你的视频，感觉只需要一个空旷的地点，一个人负责操作，另一个人拍摄就好了，没有什么多余工具，是不是的确有哪些比较烦琐的地方是我没有看到的呢？

戴夫：其实我们研究发现，如果你的视频做得很棒，很专业，人们反而不太愿意去看。网友在网上看视频最大的原因就是厌烦电视节目，他们不想看那些制作精良、言语间透露着“我们比你做得好”的视频。视频越真实，人们越愿意看，也越愿意跟你互动。我们曾经跟一些专业的视频制作团队合作过，把他们做的视频放在网上做测试，结果却令我们惊讶，用户通常感觉“天哪，这跟我们想要的结果完全不一样。”之后我们又把视频撤了下来，去掉了多余的制作，只留下最真实的内容，但效果更好。

斯科特：下一个问题是如何吸引更多的观众，你有花钱做广告来推销视频吗？

戴夫：没有。我们曾经试过做广告，但后来发现完全没有达到预期的效果。后来就觉得与其花钱买广告，还不如把精力更多地投入到视频制作中，利用我们内容的独特性，把内容做好来吸引观众。另外一个秘诀就是要多向别人学习，多听听观众的声音，看看他们需要什么，而不是我们想做什么就做什么。

斯科特：你觉得在线视频的前景如何？如果我们有读者想做的话，会怎么样？这个行业已经没有了市场，还是说未来可挖掘的潜力很大？

戴夫：我觉得这个行业还有很多待开发的市场，人们还有很多机会。在这些新加入的创业者之前，包括我和你在内的很多行业开拓者已经迈出了一大步，他们可以顺着我们探索出来的路，运用我们的经验。只要多听专家的意见，多看相关的书籍，就能学到这些经验，相信这些过来人的经验肯定会对任何想要创业的人有启发。

斯科特：从享受生活的角度来说，你觉得通过做在线视频，你找到了一种更好的生活方式吗？

戴夫：当然啦！我生活在“海獭之州”俄勒冈，这是一个非常美丽的地方。我最开始住在一个一居室的公寓，现在已经搬到了一个大房子里。我现在有更多的时间去享受生活：住大房子，跟邻居友好相处，同时还能每天自己安排生活节奏。我可以上午玩遥控飞机，顺便做个视频，之后跑个步，下午去骑车锻炼，喝个下午茶，然后晚上再开始工作。钱的确不是万能的，但有时候它却能解决很多问题。我现在整个人感觉特别好，过得很自在，感觉浑身都充满了能量，我觉得现在就是我生命中最有精力、最好的时光。

斯科特：最后你还有什么话想跟我们的读者分享吗？

戴夫：我想说的是要善于发现自己的热情所在，每天都要进步，要努力，事业才能逐渐发展起来。

如何利用在线视频赚钱

当你读这本书的时候，或许有些人正在用 YouTube 寻找解决问题的方法、学习新知识或者仅仅是在找乐子。如果你想通过制作视频来打造自流量生活，那么这就是你的机会。再冷门的市场，都会有受众等着看你的在线视频。你可以把 YouTube 作为一个推销产品的平台，与此同时，推销的过程也能帮助你赚到钱。这就是戴夫赚钱的方法。他把视频放在 YouTube 上，通过参与合伙人项目赚钱，同时将自己网站的链接附在视频上，用户点击视频的同时，也点击了他的各种关于如何制作遥控飞机的视频。这种商业模式不但能帮他赚钱，还宣传了他的品牌，可以带来更多的销量。这是一个双赢的在线商业模式！

对你来说，现在开始还不晚！在线视频的市场规模正在逐渐增加，在线视频的制作和营销也越来越简单。就连我们平时兜里揣着的手机都支持观看网络视频，而消费者也在看惯了制作精良的好莱坞大片以及电视节目之后，想换个口味，看一些业余的搞笑小视频。总之，现在对人有帮助的、真实的短视频对观众的吸引力越来越大，同时也为你提供了越来越多的商机。

自流量生活创业者的成功秘诀：录制视频节目，而不是视频片段

很多商业人士在 YouTube 上放小视频的目的就是为了营销产品，所以视频通常蕴含着很多商业信息。这的确是一种成功的营销手段，但是你注意到了吗？戴夫称他的视频为“视频节目”。即使只有三五分钟，戴夫也会试图将视频做得搞笑一点。一定要转变思想，不要抱着纯营销的态度去做视频，要觉得自己是在做“节目”，这样才会让你的视频更具喜剧性、更吸引人。

成为视频明星的具体步骤

尽管视频制作听起来高大上，看起来也很难，但由于科技进步，视频制作的成本和难度在逐渐降低。高清视频适合放在平板液晶电视上看，所以对于在线视频来说，高成本的高清视频完全没必要。任何一个数码相机或是智能手机都能够录视频，甚至都可以用笔记本电脑上的摄像头录制视频，你也可以用浏览器或者PPT的视频截取功能来做视频。很多照相机拍出来的视频都能导入到硬盘，之后你可以用一些常见的网络视频编辑工具，或者是买一些正版的视频编辑软件，比如 Final Cut 等自己来编辑视频。如果你不想自己学习视频编辑，还可以求助网络上的专家，比如上 Elance、Guru，或者 Craigslist 等网站找到会编辑视频的人，只要付很少的钱，他们就会帮助你把视频做好。

自流量生活创业者的成功秘诀：录制视频最重要的是光线问题

作为一个经常录制视频的人，我发现录制视频最大的困难就是调整光线。如果你是在户外录制，光线可能会不时变换（你可以去看看我早期录制的视频，光线比我想象中暗很多，视频质量绝对能让你捧腹大笑）。看完之后你就知道为什么大多数电视节目都是在室内录，这是因为可以控制光线。

解决方法：上网买一些便宜的灯光设备

我推荐牛仔摄影棚（Cowboy Studio）的产品，你可以购买一整套，包括灯光、三脚架以及散光板，要是在亚马逊买的话，整套下来不到 100 美元。小小的投资，却能够帮助你在录制视频的时候将光线控制得更好，不管是在厨房、书房还是车库，有了这些设备，录制出来的视频看起来会更专业。

如何用 YouTube 赚钱

任何人都可以在 YouTube 上传自己的视频，将 YouTube 作为一个免费的推销工具。

最基本的操作就是登录自己的账号，把硬盘里的视频传上 YouTube。YouTube 允许新用户上传不多于 10 分钟的视频。但随着你上传视频数量的增加，YouTube 网站会自动对你进行监测，在确定你不会滥用这个账号之后，他们就会自动将你上传的视频时长免费延长至 20 分钟。对于电视剧或者电影来说，20 分钟并不很长，但是对你来说足够了，因为网友大都更喜欢短视频。

几分钟之内，视频就可以上传至网上，网友可以免费观看。同时 YouTube 可以给你提供一个分享代码，你只要将这个代码复制粘贴到你的网页上，网友就能在线分享视频。你也可以将你在网络上上传的视频汇聚在一个页面上，建成一个个人页面。

为什么所有这些在线服务都免费呢？这是因为 YouTube 是谷歌的一个业务，谷歌会将广告放在你的页面上，或是在你的视频播放之前播放这个广告，从广告商那儿赚钱。合伙人项目就是通过这种方式赚钱，而这些钱最终又会有一部分到你的钱包里。如果你想办理一个视频托管服务，供网友免广告观看视频，就可以花点钱从 Wistia、Viddler、Vzaar、Vimeo 或者 Brightcove 等托管服务网站购买这类服务。如果你的在线视频浏览量很高，你也不想让广告扫了观众的兴，就可以花钱购买这项服务。

自流量生活创业者的成功秘诀：录制截屏视频

很多人不喜欢制作在线视频的一个理由连他们自己都不会承认：不喜欢镜头下自己的形象。如果你也是其中一个，那就试着做截屏视频。荧幕动态撷取程式（Camtasia）是计算机端最流行的一种屏幕录像软件，网络屏幕流（ScreenFlow）适用于 IOS 系统（苹果公司开发的移动操作系统）的计算机，你可以利用这些软件将电脑上的视频进行截屏录制，做好视频后，配上自己的声音，只要让观众知道视频主题是什么就可以，很快你就能做出一个不用担心发型、衣着、光线以及化妆等问题的完美视频。

其他视频明星

其他励志的 YouTube 视频明星还包括：

- 丹·格雷（Dan Grey），他非常热爱汽车，自己创建了一家汽车测评网站 MPGomatic，他既是老板，又是网站节目主持人和制作人，主要通过帮别人测评新车赚钱，同时他自己也有了经常开新车的机会，他的网址是 www. youtube. com/mpomatic。
- 艾米丽·金（Emily Kim），她创办了美食节目《韩国妈妈》（Maangchi）。2007 年，她开始在网上分享自己做韩餐的视频，她是一个韩国人，现住在加拿大。她在网上分享的韩餐制作视频已经吸引了大批观众，也吸引了无数广告商，她的网址是 www. youtube. com/maangchi。

- 艾丽（Elle）和布莱尔·福勒（Blair Fowler），这一对姐妹通过在网上分享她们的购物成果而吸引了无数粉丝，现在她们俩也会在网上分享一些变美秘籍，同时给网友提供时尚建议，她们的网址是 www. elleandblair. com。
- 萨尔曼·汗（Salman Khan），他最开始只是在网上分享了自己教表弟学习的视频，后来这个视频在网上很受欢迎，所以他就成立了一家在线视频教育公司。他的教育公司 KhanAcademy. org 现在得到了比尔·盖茨（Bill Gates）教育基金的支持，在世界范围为学校改革而努力，而比尔也曾经用萨尔曼的视频教两个女儿学习。
- 安德鲁·劳克（Andrew Lock），他创建了一家介绍商业技巧的网站，他懂得很多成功的营销策略，他会将这些讲给观众听。他自己的节目，每周一次的视频《帮帮我，我的事业烂透了》（Help! My Business Sucks!）会给观众提供一些营销理论并回答观众提问，同时也会“解决问题，提供娱乐”。他的网址是 www. helpmybusienss. com。
- 瑞安·比嘉（Ryan Higa），他录制搞笑对嘴型节目。高中的时候，瑞安跟他的朋友西恩（Sean）就开始在网上发布俩人对嘴型的唱歌视频。过了一段时间，由于版权限制，YouTube 把他们的视频撤了下来，瑞安就开始自己创作歌曲，现在他录制的视频在 YouTube 上的浏览量达到了 10 亿次，他的网址是 www. youtube. com/nigahiga。

当然，千万别忘了 YouTube 上我的相关视频，上 www. ClickMillionaires. tv 就能看到我各种类型的视频，包括如何创业、怎样开始自己的事业、如何做网页设计，还有常见的搞笑短视频。

第13章 社交网络平台能给你带来乐趣和收益

互联网时代的到来，一方面不断挤压传统业务的利润，另一方面也逐渐让产品宣传电子化，用户可以在网上免费找到所有的产品样品，现在传统商业的利润受到空前挤压。当人们都开始习惯于在网上买东西或者找业务，你不得不降低价格、甚至将自己的物品免费发放才能赢得用户时，你觉得自己的实体店还有市场吗？

如果你想拥有一项可长久赢利的事业，我觉得你需要具备以下两个基本条件：

- 有原创能力，可以做实时新闻，或者拥有娱乐行业的经验。
- 具有一定的人际关系网。

但不幸的是，新闻和娱乐行业总会不断出现新的竞争者，他们使用新模式，创造出新的信息传递方法，对传统新闻产生一定的威胁［美国有线电视新闻网（CNN）就没有预测到推特会带来另一种全新的新闻传递方式］。

相比之下，人际关系网能够对创业起到稳定的支撑作用。

社交网络社区：我喜爱的在线商业模式

接下来就来看看我非常喜欢的一种商业模式：基于人际关系的

在线社区。人类天生就是群居动物，需要别人的陪伴，这种基因决定了你可以通过自己的人际关系建立一份成功的在线事业。

在网上跟志趣相投的人聊天已不再只是一种下班消磨时间的方法或是周末的社交活动，而是一种日益流行的商业交往手段，也是人们在白天孤独的工作之后的一种社交方式。如果你的网站能成为网友与朋友们交流、联络他们感情的纽带，那么他们会很乐意经常过来看看，倾向于在这个平台上维系他们的友谊。

把之前分散的网友聚合在一个平台上，这通常是脸书等社交媒体平台的功能。但现在有很多小规模企业也在探索这个市场，并且做得很好。如果你有自己的社交媒体、在线论坛或是电子公告板，并且能免费给用户提供会员服务，你也许就能成为一名成功的自流量生活创业者，你能够生活在自己喜欢的圈子里，做自己喜欢的事情，跟喜欢的人一起玩儿，把自己的商品卖给需要的受众。

不管你选择哪个领域，都可以以此为基石，建立自己的在线论坛。你首先要针对特定的目标群体选择一个主题，利用我们在第 5 章中提到的自流量生活创业者的事业规划准则，像下文案例中讲到的主人公一样，收获一份成功的事业。

自流量生活创业者的成功案例：后院鸡场网站

一般来说，如果提到养鸡，你肯定会联想到这是农村家庭才会做的事吧，但如果我告诉你城镇和郊区的居民也会在家里养鸡时，你或许会跟我一样惊讶。这个不寻常的爱好就是后院鸡场网站的灵感来源，这家网站有世界上最大的关于如何养鸡的在线社区。

这家网站的成立始于一个幼儿园的课堂作业。一位幼儿园小朋友把发的小鸡带回家，他的爸爸就给这只小鸡做了一个笼子，还把自己设计的鸡笼分享到网上，当他分享的信息越来越多时，就吸引了越来越多的养鸡爱好者。他们会与这位爸爸分享自己设计的鸡笼，咨询一些养鸡的问题，后来问题越来越多，小朋友的爸爸一个人都回答不过来。因此这位爸爸，也就是我们案例的主人公，罗伯·拉德洛（Rob Ludlow）在2007年注册了一家网站，开创了自己的后院鸡场留言板（Backyard Chicken Message Board）业务。久而久之，对于那些想了解养鸡问题的人来说，这家网站就是他们的首选。该论坛有10万个注册会员，上千条帖子，由此可以看出这个市场远比你想象的要大得多。后院鸡场网站每个月大约有1 100万的浏览量，每天能新增100个会员，论坛上每天有8 000个新增帖子，几乎每分钟都有5个新帖。是什么成就了如此大的浏览量呢？当然是因为有一大批对养鸡感兴趣的人。如罗伯所说："鸡是一种多用途的家养宠物！它吃虫子和草，帮你除掉后院的杂草，鸡屎又是土地最好的肥料，当然把鸡养大之后，又可以用来吃鸡肉，做早餐！"

这家网站迎合了目前人们比较偏爱本地农产品以及有机食品的社会潮流，但更为重要的是它的成功建立在人与人之间的互帮互助上。在后院鸡场论坛，不管是谁，不管什么时间，只要对养鸡以及照顾鸡有疑问，都可以在上面找到答案。同时，热爱养鸡的人也能在这个论坛上找到跟自己趣味相投的人。后院鸡场网站上有很多对网友有帮助的文章，还有一个在线论坛，帮助网友了解如何养鸡、怎样制作鸡笼、怎样喂养、如何甄别能孵化小鸡的鸡蛋以及如何防止别人对鸡的捕杀。

后院鸡场网站主要从会员那儿赚钱，赢利方式有两种：一种是用谷歌的 AdSense 服务工具在网页上放广告，让会员点击；另一种是获得对其会员感兴趣的广告商的直接赞助。该网站还有一个网上书店，主要销售养鸡技术的书，其中有两本是罗伯与别人合写的书，一本是《笨人养鸡法》（*Raising Chickens for Dummies*），另一本是写给初学者的《鸡笼制作法》（*Building Chicken Coops for Dummies*）。这个在线书店还卖文身贴纸、汽车保险杠贴纸以及印有后院鸡场网站标志的咖啡杯。如果会员愿意每年支付 20 美元支持该网站，系统会将其升级为“金羽毛”会员，给他们提供更多、更完整的内容和信息。

这家网站原本就非常受欢迎，所以根本不用做太多宣传。罗伯·拉德洛说：“这家网站发展依赖于我们持续提供吸引人的内容和良好的用户体验。网友愿意把我们介绍给他们的朋友是因为这是业界最棒的网站。网友分享网站的次数多了之后，搜索引擎也会自动捕捉到它，这帮助我们赢得了更多的用户。”

罗伯负责网站的技术和经营问题，之后他建立了一个 15 人的小团队来帮助他经营网站，他称自己的在线论坛为“世界上最好的版主群”。这项事业带给他的乐趣包括在 2008 的时候，他辞掉了之前的工作，开始在家办公，跟一些了不起的人一起工作，媒体也开始对他进行专访，包括《今日美国》《华尔街日报》《创业者杂志》（*Entrepreneur Magazine*）。罗伯说：“自己创业的感觉太棒了！我可以自己决定什么时候工作以及做什么。能随时做自己喜欢的事情简直太棒了！”

后院鸡场网站的成功是本章的重点案例，因为它完美地诠释了不管话题是什么，即使是一个不太受关注的领域都能帮你成就一份在线事业。尽管罗伯的网站设计不是很漂亮，也不时尚，但他还是获得了成功。他注重满足用户的需求，鼓励用户互相沟通，培养彼此之间的感情。这种商业模式对你很有参考价值，因为在现实生活中，让用户建立起稳定的关系有助于商家的生意，这种方法也非常适用于在线社区。

其他的在线社区成功案例

- *Architizer. com*，这个网络社区的目标群体是对建筑感兴趣的人。它是为建筑师、建筑工程以及全球范围内的建筑产业成立的一个权威在线论坛。该网站免费为读者提供内容，其经费主要来自广告商的赞助。通过在网上分享建筑界新闻、求职信息以及一些竞标项目，这家网站已经成了世界各地建筑师及业内专家彼此熟悉、展示作品的平台。
- *TuDiabetes. org*，这是一家专门为饱受糖尿病困扰的患者成立的网站。在被诊断为患有1型糖尿病之后，曼尼·赫尔南德斯（Manny Hernandez）发现如果能从之前患过这种病的病人那儿得到一些信息的话，会对病情有很大帮助，说不定还能改善自己的身体状况。因此在2007年，他创建了一家专门针对糖尿病患者的网站。到现在为止，这家网站已经有2万多名会员，他们在网站上分享信息，彼此帮助，还在论坛上互相交流。网友的活跃促使曼尼成立了一个非营利的公益组织——糖尿病援助基金会（Diabetes Hands Foundation），主要向糖尿病患者普及相关知识。他还写了一本书《新手学宁社交平台的使用法则》（*Ning for Dummies*），主要讲述了他如何利用宁这个社交平台来宣传自己的网站，逐渐扩大网站业务。

- *VANetWorking. com*，这是最大的虚拟网站助理网站，创始人是塔尼娅·萨瑟兰德（Tawnya Sutherland）。该网站有 1.5 万名注册用户，主要是给虚拟网站助理提供指导，告诉他们如何服务用户，怎样找到工作，如何才能参加培训课程以及彼此应该如何建立联系、互相支持。塔尼娅主要通过发布在线广告赚钱，同时她给受众提供了 3 种不同标准的会员待遇，根据会员缴纳会费的多少，给他们提供不同的内容。她的成功故事甚至被改编成电视剧本，在加拿大的电视剧《龙穴》（*Dragon's Den*）中得到呈现。
- *CommunityCare. co. uk*，这是一家英国的社区关怀网站，主要用户是英国各行各业做社区服务的工作人员，网站建立的基础是英国的社区关怀杂志《社区关怀》（*Community Care*）。这家网站把全英国各地的社区工作者集中在一起，让他们在网站的 CareSpace 论坛上互相交流、互相支持。
- *PbNation. com*，这是一家专门为彩弹射击游戏爱好者创办的网站。其创始人托尼·瑞克尔（Tony Rieker）高中的时候非常喜欢这个游戏，于是跟自己的伙伴们在圣诞节假期的时候开始了一项在线广告板业务，后来他所创建的网站越来越受欢迎，于是他在爸爸的帮助下，将网站做成了一项事业。他主要通过广告销售（主要是跟游戏相关的产品）、销售知名商品以及提供会员服务赚钱。现在他的网站已有了成千上万的注册用户，论坛上差不多有上千个帖子，这个案例很好地证明了创业者完全可以把自己的爱好融入事业中，创建属于自己的自流量生活。我最近得知，托尼的网站的收益现在已经达到了320万美元。

- *CatbolicMom. com*，其创始人是丽莎·亨德利（Lisa Hendey）。这家网站主要是发布文章，与其说是网站，其实它更像是一个论坛。现在有100多个写手在为网站提供文章，还有一些专栏作者，他们每天都会在网站上发布自己写的东西，这在吸引了大批读者的同时，也引来了大量的广告商。

我自己的在线社区

在线社区是我个人很喜欢的一种商业模式，因为我通过这个平台赚到了很多钱。实际上，我甚至把自己的家人也拉了进来。

从我的第一本书《互联网富翁》开始，我就一直推崇利用社交网、会员网站以及在线社区等平台赚钱。2002年，我帮助比尔·欧莱力（Bill O'Reilly）——《福克斯新闻》（*Fox News*）的知名评论员，建立了在线社区 BillOReilly. com。这家全新的网站完全不同于欧莱力的官方脱口秀节目《欧莱力解读》（O'Reilly Factor），我们没有按照典型的新闻广播官方网站的方式来打造这家网站，而是另辟蹊径。后来这家网站吸引了很多会员，现在市值差不多达到了几百万美元。在之后的几年间，比尔的广播节目及其对充满争议性的内容的评论一直是网站的主要内容，它们不断地吸引新会员（每人每月4.95美元）加入，同时还向全世界范围的听众销售各种相关的主题商品，比如书籍、T恤、钢笔甚至门垫等。

后来我放弃了很多自己曾经建立的事业，开始专心写一些类似本书的互联网业务的书籍，不再管理网站之后，我就把它们都交给了其他感兴趣的人，包括以下几家网站：

- *ArtFairInsiders. com*，这是一家为艺术家和艺术展产业服务的网站。现在我妈妈在经营这家网站，她在举办艺术展方面是个老手，每天都会有几千个艺术家来浏览网站内容。他们有的想了解这个行业的最新信息，有的想知道展览上的交易技巧，抑或只想了解业内的八卦新闻。这家网站已经成了业内最受欢迎的网站之一，会员不需要付费就能浏览最新信息，因为我们知道，真正对我们感兴趣、愿意投资的是那些想知道艺术家信息的广告商和艺术展主办方，而我们也主要从这些人身上赚钱。
- *SweaterBabe. com*，这是一家针织毛衣图案设计网站，是为我妻子量身打造的网站，她会织毛衣，同时也善于设计毛衣图案。这家网站因为她富有特色的设计，是目前很受欢迎的一个可以下载 PDF（便携式文档格式）版本针织图案设计的网站。2009 年，我开始劝她建立自己的在线社区，现在她的社区已经有了上千名会员，会员每个月支付7. 99 美元就可以得到专业的图案设计，也能最先看到我爱人设计的不同针织图案。
- *ClickMillionaires. com*，这是我自己的自流量生活创业者的交流网站。这是一个指导创业新人进行创业的在线社区。我的任务是帮助创业新人发展他们的事业和学会在线营销的策略。

其实我真心建议你把我提到的这几家网站都浏览一下，看是否能从中发现商机，同时也可以学习网站管理者的社区管理方式、营销手段，将所学为自己所用，建立自己的互联网时代的在线社区商业模式。

上述网站覆盖的内容有所不同，这也能说明很多个人兴趣都可以成为开拓事业的基石。有兴趣的地方就有人，有人在的地方就会有待解决的问题、可讲述的幽默故事、可建立的人际关系以及可以提供给别人的建议。这种情况听起来跟我们的“真实世界”差不多，网络世界其实也是一样的逻辑。如果能合理利用网络社交平台，那你不用花费太多的精力和时间就能很快建立起自己的自流量生活。

在线论坛的成功要素

在线论坛之所以能发展成一项了不起的商业类型，是因为它遵循了我在第 5 章讲过的所有成功法则。在线社区可以帮助别人解决难题、可以自动化管理以及外包某项工作，也能使你成为业内专家，同时带来持续的收益，另外最重要的就是读者也可以创造内容。如果你再回顾我们前面提到的几个案例，甚至进入这些网站仔细研究一下，就会发现除了这几条通用的成功法则以外，它们还有几个共通点，也就是我下面将要介绍的几点，你可以将其应用到自己的在线社区事业中：

- 满足小众群体的需求，而不是针对大众用户。
- 旨在帮助会员解决问题。
- 鼓励会员之间互相帮助。
- 不使用太多的新科技。
- 会员会免费将其推荐给自己的朋友，站主根本不用在营销上花费太多时间和精力。

我之所以将我最喜欢的自流量生活方式推荐给你，是因为在线论坛开始阶段操作很简单，成本也低，你根本不用做太多准备工作，同时在经营的过程中，你也能体会到很多快乐。挑选一个你感兴趣的目标市场，以此为中心做一家网站，自己做站主，设置好流程，之后就可以坐等收益了。后院鸡场网站的创建人罗伯曾说过："在经营在线论坛的过程中，我接触到了很多了不起的人。能够跟这些人一起做一些成功的事情，对我来说是个很棒的经历。"

自流量生活创业者的成功秘诀：热心人总能最先成功

对于那些热心肠的人来说，在线论坛是一项很好的生活式事业，因为如果你想发展会员平台，热心肠是一项非常重要的个人特质。在互联网世界，人与人之间的交流都是在线进行，面对面的机会很少，所以即使是那些很害羞、很内向的人都可以从事这项事业。有礼貌、善解人意、热心肠等品质在这项事业中尤为重要。久而久之你就会发现，那些热心肠的站主具有真正的优势！

在线论坛如何赚钱

在线论坛赚钱大多依靠广告。由于在线论坛的重点是会员之间的互动，会员互动频繁能大幅提升页面浏览量。将广告代码粘贴在网页上，不需要其他努力，页面浏览量就能自动转化为金钱流进你的钱包。我推荐在线论坛的另一个重要原因就是论坛上的很多内容都源于读者，网站规模具有可伸缩性（符合自流量生活创业者的第 5 条和第 6 条成功法则）。虽然大部分读者都是阅读内容，并不会发帖子或进行评论，但是你不要小看了这些“潜伏者”，他们也许随时会写文章、发评论。据说在一个论坛上，1% 的人会经常发文，9% 的人经常评论，剩下 90% 的人只是浏览内容，但是不要忘了，真正给你带来收益的正是剩下的这 90% 的人。

自流量生活创业者的成功秘诀：向广告商要钱，也要向会员收费

大多数在线论坛的收益不直接来自会员。在一些特定的网站，站主自己发布优质内容，公布一些独家活动，或是抛出一些充满诱惑的条件来促使会员升级，通过让会员购买产品或是订阅内容获得收益，但最常见的还是通过广告商赚钱。广告商的目标是网站会员，他们希望站主能向会员推荐自己的产品，并会为此付钱。如果你能把内容做得够好，会员愿意不时过来看看，那么你既可以向会员收费，又能向广告商收费。

还有很多在线论坛会有网上商店，站主使用各种各样的追加销售策略卖一些跟自己行业相关的产品，也会卖带有自家商标的商品。你可以要求会员一次性缴纳一笔费用，给他们提供特别福利，比如可以阅读你的独家文章或是有资格参与一些网络研讨会或是在线电话会议。如果他们很支持这类活动，那么下一步你就可以收到源源

不断的会费了。这个策略能够实现的基础是你要鼓励读者参与内容创作，为他们营造一个友善的交流平台。这就是我在运营 Click Millionaires 网站时，对高级会员采用的策略。

建立在线论坛的几个方法

由于脸书的成功，很多科技公司都会帮助毫无技术经验的创业者建立自己的社交网络。但是对于不懂技术的创业者来说，我更推荐网络托管服务，因为这更简单，其中提供此类服务比较好的几家网站是：

Ning，网址是 www. ning. com。

SubHub，网址是 www. subhub. com。

SocialGo，网址是 www. socialgo. com。

MemberGate，网址是 www. membergate. com。

Wild Apricot，网址是 www. wildapricot. com。

从这些服务中选一个，只要付钱，你就可以在网站上添加自己需要的功能，例如在线论坛、付费墙以及只对会员开放的一些特殊功能。同时你还可以把 WordPress 里的各种工具嵌在自己的网页上，让后台服务人员帮助你进行更好的管理。

在线论坛的成本

只需要很低的成本就可以建立自己的在线社区。科技进步带给你多种选择，可以一次性付费20～300美元在自己的电脑上安装程序，帮助你统计流量等数据，也可以选择托管服务，每月花费5～500美元。如果你想享受较好的托管服务，每个月大概需要花费20～50美元。不用过于担心这笔支出，因为很快就能回本，每个月不止赚50美元。即使没有广告商赞助，你也可以向会员收费。ArtFairInsiders. com 网站的康妮·梅特勒曾说过："新创业者肯定会惊讶于网站建立的成本，因为费用不高，需要的时间也不多。"

如图13.1所示，如果你想建立一个类似于宁社区的基于网页的在线社区，只需点几下鼠标就能选择一个设计美观的网站外观。你不一定是个技术"大咖"，完全可以利用某些营销策略建立自己的受众群，做好服务，提供好产品，鼓励受众帮自己发展更多的用户。

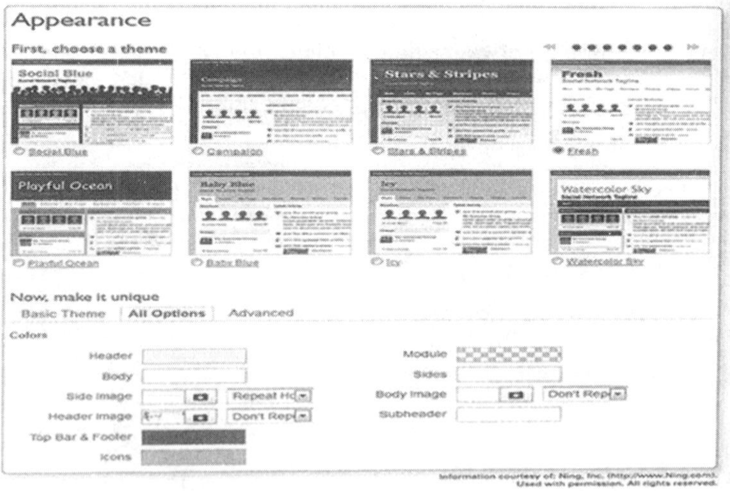

图13.1　用宁社区选择网站外观

自流量生活创业者的成功秘诀：一定要建立自己的网站

脸书具有免费的优势，其影响力也非常大，因此很多创业者会问我："为什么不直接在脸书上建立自己的在线社区呢?"以下是我的答案，使用脸书你将：

- 不能拥有自己的品牌。
- 不能自己设计版面。
- 不能将用户数据归个人所有。
- 不能对用户隐私条款做任何调整。
- 不能自己选择广告商，更不用说从中赚钱。

如果你只是想在线玩儿一下，不想赚钱，那我列举的这些因素对你来说影响不大。但是如果你想成就一份事业，从中赚钱，那就需要自己掌控所有的内容。你可以用脸书宣传自己的产品，但是一定要把自己的网站链接放在上面，把用户引导到自己的网站。

第14章　可下载的数字信息产品销售

我的爱人凯瑟琳（Katherine）每次打开电脑都会听见“妈妈万岁”的加油声，这是我们设置的程序，用的是孩子们的声音。每当她的针织毛衣图案设计网站完成一笔交易，系统就会自动播放这个录音。网站每天有上百次的下载量，因此电脑里孩子们的声音甚至比真实的他们还要吵。你考虑过把自己的邮件提醒设置成一个铃声、掌声或者是加油声，每做成一单生意，这个声音就会准时出现吗？可以试一下，其实这种激励方式特别有趣，能够让你清楚地知道自己的业绩，并且也能让用户印象深刻！

互卖东西获取收益是人与人之间最传统的互动方式。如今互联网带来了一种新的销售方式，即在网上销售电子文件等数字信息产品，这种线上营销既不是在繁华的街道上开实体店，等待客户来买东西，也不是开一家网站，通过快递把东西送到买家手里，而是通过互联网就能自动传输和销售电子文件。只需要轻点几下鼠标，用户就能完成整个交易流程，找资料、下单、付账都是在线完成，之后文件会自动下载到用户的电脑里。

以下是几种可供选择的电子文件：

文档	视频
音乐	图画
电子食谱	照片

图案模型　　软件程序
电子书　　电子图表
指导目录

只要能将硬盘里的资料转换成电子文件保存下来，它们就能成为一种可销售的在线商品。这虽然是一种简单的商业模式，但是它有一个经常被创业者忽略的优点：即跟实物销售相比，赚钱更多。

怎样通过销售电子书和信息产品赚钱

电子商店省去了传统商店运营所需的各种成本，所以只销售电子商品的零售商比同行业的实体店经营者更有竞争优势，并且用户购买的只是复件（并非原件），所以一个文件可以被销售无限次，卖家根本不用担心库存不够的问题，这项事业也没有额外的分销成本。你可能每个月需要 100 美元经营网站、管理在线购物车，购买新的营销工具，但不管卖 1 份还是 1 000 份，成本投入都是 100 美元，它不会随着销量的变化而增加。假如你的产品价格是 25 美元，每个月卖出 4 份就能达到收支平衡，但是如果某个月卖出了 1 000 份，这个月就能赚 4.49 万美元，毛利率可达到 99.6%。

关于可下载的数字信息产品的销售，我邀请到了博·布莱克威尔（Beau Blackwell）跟读者分享他的经验，他来自全球领先的虚拟品零售平台“互联网银行”。

自流量生活创业者的采访记录

博·布莱克威尔，“互联网银行”用户分析专家

斯科特：一般来说，哪类产品在网上比较畅销？

博：近几年来，人们对于电子文件的需求已经发生了很大变化，除了常见的电子书之外，其他可下载的文件类型包括视频、音频以及软件等。电子书其实并不复杂，就是一个可用 PDF 格式发送的电子文件副本，但也有一些是 word（微软开发的一款文字和文档处理软件）格式。如果你想做一个关于怎样种植有机植物或是如何训练狗狗的文档，只需要在电脑里把文字打在 word 文档上，转成 PDF 格式放在网上，PDF 格式在很多设备上都能打开。如果有人需要相关的资料，他们就能通过“互联网银行”、你自己的网站或者其他平台向你购买，而你只要将下载链接发给用户就可以。

斯科特：如要你要销售可下载的电子文件，就需要把自己生产的内容（自己的产品）用一种或者多种格式保存，在产品页面加一个购物链接，这样用户就可以在线支付，完成交易。这个过程听起来跟实体购物差不多，只不过交易流程都是在线进行，你销售的产品也不是实物。电子产品不是一双鞋、一袋狗粮、一瓶洗发水或者一个存车棚，它是一个你整合好的信息产品，能够通过电子邮件发送给用户，同时他们也能在线下载。

博：是的，就是这样，我将这称为“信息产品营销”。一般来说，信息产品或是你提供的服务是你所熟知的信息或是能够满

足用户具体需求、帮助他们解决问题的建议，产品做好之后可以放在网上，人们需要的时候就可以去购买和下载。

斯科特：关于人们熟知的信息产品销售，你能给出一些具体的案例吗？

博：好的，这个话题覆盖范围很广，只有你想不到的，没有找不到的信息。在“互联网银行”这个销售平台上，我们有上千种不同类型的产品。我几乎看过所有在售的电子书，有关于怎样修剪花园才能吸引到更多的蜂鸟，如何养小孩、如何修车的，还有关于参加马拉松比赛需要做哪些准备的。我的重点是每个人都可能是一个专家。即使你不认为自己是，但在某些你认为理所当然，每天都在做的事情上，你就是那个方面的专家。网友的问题可能跟你之前曾在非营利机构做会计的经历有关，可能跟你的园艺或者滑雪爱好有关，或者仅仅是跟你的生活经历有关。你都可以自己想象对某个领域感兴趣的人会有哪方面的问题，然后将其做成文档，之后它就变成了一个可销售的产品。你也可以跟用户分享自己做某件事情的经历，比如在这个过程中遇到了哪些困难，如何克服等，通过分享个人经历，你或许就能帮助跟你有同样境遇的人顺利渡过难关。

斯科特：听起来似乎是在这个小众市场上，你主要给用户提供“如何做”的建议，满足他们的需求，是吗？

博：是的，我是这样做的。之所以叫“如何做”，是因为大部分人在网上寻找问题答案的方式。网友搜索问题时会通过谷歌等搜索引擎进行搜索，或者直接在社交网站上发问。在寻找问题的答案时，人们通常不会直接到黄页上去找，因为大多数都是突发事件，难题出现了，人们才想着去寻找解决办法。有些人可能大半夜在网上找答案，也有些人可能周末突然遇到了什么事，然后上网寻找答案，他们可能正好搜索到了你提供的解决方案，那么他们就会立刻购买，帮助自己解决遇到的难题。如果网友在家里下载一个电子文件就能解决问题，何必还要去书店或是咨询专家呢？

斯科特：按照你的说法就是，如果希望自己的在线事业获得成功，就必须要给用户提供一些他们在其他地方找不到的答案。这些答案或者信息是他们去塔吉特（Target）或者沃尔玛（Walmart）买不到的，是比较冷门或是在书店不容易找到的内容，比如如何养澳大利亚长尾鹦鹉或者类似的比较少见的内容。

博：你说的针对小众市场提供不常见的信息这个想法的确很对。很多人会想："我一定要找到一个大市场，因为这个市场上用户很多，我能赚到钱。"但数字信息产品销售了不起的地方在于不需要一直把精力放在招揽用户上，期望能赚更多的钱，因为说实话，这个市场成本真的很低。如果你能自己开发一个小众市场，肯定也能获得不菲的利润。这项事业能很酷的一点就是你的用户来自世界各地。如果你开了一家实体店，你的用户可能只是本地人，但是在线商店的买家来自世界各地，可能在你晚上睡觉的时候，就有一个来自澳大利亚的用户购买了你的商品，在线销售不需要你付出太多的努力，就能得到源源不断的利润。

斯科特：有的创业者在最开始就想了解自流量生活的优势，所以你能不能介绍一下创业者能从中享受到什么呢？

博：我觉得第一个好处是自由。在公司里，每一个职位都充满了不确定性，即使你认为自己的职位很安全，不会随时被炒鱿鱼，但事实不一定是这样。如果你开始创业，至少不用担心自己会迟到，还能空出时间做自己想做的事，天气好就能出去玩儿，不必一定非要等到周末。当然，这并不是说互联网创业每天只工作 10 分钟就能赚大钱，而是要合理规划时间，我认识的创业者每天都在努力工作，只是工作地点和时间不受限制，他们有时在咖啡店办公，有时从晚上 10 点工作到第二天早上 2 点，然后白天睡觉。自己创业能自己安排时间，规划生活，不必听从别人的安排。并且我觉得最酷的一点就是在线业务能让你全天 24 小时随时在线接触到用户，不用跟他们面对面交易。

斯科特：创业要准备多少启动资金？如果你做的是数字信息产品，是不是可以省掉传统做生意需要的办公室租金、员工保险费、电费、停车费、办公用品费以及广告费等？

博：是的，开始的时候真的不需要太多钱，尤其是在现在这个科技设施很完善的时代。5 年前创建这份事业可能还稍微贵一点，因为你需要支付网页设计费以及购买技术平台的费用，但现在，你都想象不到价格有多便宜。只需花费不到 100 美元你就能拥有自己的网站、获得网站托管服务、买到域名，把产品传到网上待售，同时还能立即接收订单，整个过程差不多一周左右就能完成。

除了技术问题，你还要考虑如何扩大业务规模。我认识很多做类似业务的创业者，他们每年都有 6 位数的利润，但还是一个人在经营网站，没有雇用任何员工，或者说他们也没想过要雇用员工。有些人会在需要帮手时找一些在线虚拟助手来帮忙，一周工作 4 个小时，或是不定时地找人搭把手。所以是否找人帮忙，想减少还是增加开支，完全在于你个人选择什么样的生活方式。

斯科特：说得太好了！这就是我们经常提到的词汇——生活方式。

博：有些人跟我说："我其实自己也知道，如果想让营业额达到现在的两倍很容易，但如果那样的话，我可能每周要多工作 10 个小时，我不想把自己搞得那么累，所以还是算了。"也有人跟我说："我想去法国南部生活半年，现在想多赚点钱，所以宁愿现在辛苦点。"我很欣赏他们有自己的想法，觉得他们能自己做选择，过自己喜欢的生活，这是一件很难得的事情。

斯科特：一般来说，"互联网银行"上的电子产品都什么价位呢？

博：价格浮动的区间很大，平均在 30～40 美元，这对于普通电子书来说，价格可能贵了点，但对于一些经典书籍或者是一些不常见的 CD（激光光盘）或者 DVD（高密度数字视频光盘）来说，这个价格比较正常。许多从事可下载数字信息产品的创业者都想把价格定得低一点，他们会想："我卖的电子产品的价格一定不能比纸质书或者 CD 的价格高，不然用户去买实物好了，为干什么要来买电子版的呢？"其实并不是这样。只要你的产品符合用户的要求，或者能及时给他们提供需要的信息、帮助他们快速解决问题，你会发现，不管多少钱，用户都愿意购买。

一本电子书可能只有 100 页左右，但是只要用户满意，内容符合他们的要求，即使你要价 40 美元或者 50 美元，他们也乐意购买。

我举个例子吧，比如你销售的是一本关于如何训练小狗的书。

有个人买了一条非常好动的小狗，刚开始的时候在家里看见什么咬什么，还在屋里小便，在院子里乱挖洞。主人快被逼疯了，实在没办法，才想着到网上找找看有没有什么解决办法。某个周六晚上，小狗狗开始乱咬，狗主人可能会在谷歌上搜“怎样才能让家里的澳洲牧羊犬不乱咬东西”，假设他在你的网站了发现了一本书，关键词是“教你一小时解决澳洲牧羊犬乱咬东西的问题”，你觉得他们会愿意多花 10 美元买你的产品，从而让小狗尽快安静下来，不乱咬东西吗？当然啊。他们想马上解决这个问题，已经等不到第二天去书店买本类似的书了。

斯科特：电子文件销售能为你带来更多收益，因为本来成本就不高。你有自己的网站，但还是花了 50 美元的托管费，把电子书放在“互联网银行”上托卖，之后，这本书为你带来的利润会越来越多。你写了一本书，这算沉没成本，不管卖了 1 本还是卖了 1 000 本，之后这本书的成本都为零。当然，营销是一笔很大的费用，但如果你做好宣传工作，吸引更多的买家，毛利润就会更高。

我知道大部分人都喜欢用数字来衡量事业的成败，你能跟我们分享一些“互联网银行”的销售数据吗？

博：“互联网银行”已经成立了 13 年左右，销售额每年都在稳定增长。在支出方面，我们向附属公司以及供应商付费 20 亿美元，我们有 1.5 ~2 万个供应商，他们给我们提供产品、软件或者是其他形式的电子文件。除此之外，我们现在也做实物销售，类别大约有 5 万多种。

“互联网银行”有 10 万多个附属的销售机构，他们很愿意帮我们在平台上推销产品。这些半专业的营销人员经常会问我：“最近有没有什么新产品？”如果他们选了你的产品，就会帮助你营销。只有当他们把产品卖出去了，你才需要付给他们佣金，这是一个双赢的营销平台。

斯科特：你觉得对于准备做数字信息产品销售的创业者来说，这个市场还有可供挖掘的商机吗？

博：当然，我觉得还有很多机会，我给你举个例子吧！我们有一个产品供应商，他也是产品的生产者，现在每年能赚 100 多万美元，但你想不到的是他两年前才开始做这一行。在此之前，他根本没有任何经验，他和自己的小伙伴们所在的是竞争很激烈的健身市场。这个市场本身已经有很多产品，但是他们在两年的时间里，把自己产品的利润从零提到了 7 位数，我觉得他们成功的关键就是用心、认真，把精力放在做好自己的产品上，保证自己提供的产品能切实符合用户的需求，同时他也与我们平台上的营销商保持良好的合作关系。

所以我认为即使现在开始也不晚。每个人都有遇到难题的时候，互联网的普及使人与人之间的交流和沟通变得更为简单，同时电子商务工具的成本越来越低，使用越来越方便，所以现在是在线创业的最佳时期。

哇哦！“互联网银行”给数字信息产品供应商的金额竟然达到了 20 亿美元！当然，如果你想开始创业，“互联网银行”并不是唯一的选择，网上还有其他各种各样的销售平台。你需要牢记的是，虽然开始得越晚，竞争越激烈，但不管什么时候开始都不晚。就像博所说，现在是在线创业的最佳时机。

在线销售数字信息产品的成功因素

看完了对博的采访，让我们来回顾一下他提到的几个关键的成功因素：

1. **满足需求，解决问题**。你提供的内容必须能够满足用户的需求，帮助他们解决生活中遇到的问题。小众市场上的信息产品能提供小众市场问题的解决方法，数字信息产品的销售则是一种传递信息的好办法。你提供的内容要以用户的实际需求为核心，这样才能为你带来可观的收益。信息内容的覆盖范围要广，你曾经的奋斗历程、曾经帮助家人渡过的难关，都可以作为你的写作题材，都能给你带来收益，因为你曾经遇到的难题可能是别人现在遇到的问题。把信息内容放在网上之后，谷歌就会联系到需要的人，将你的产品呈现给他们。

2. **低成本，高收益**。低成本是指数字信息产品内容创作的成本较低，只要心中有内容，将文字用 word 文档写下来保存就行。这个文档就是你的商品，可以一遍又一遍地销售出去，每一次销售你都能获得收益，而且库存一直都有，因此利润率会很高。这符合我们提到的自流量生活创业者的第 3 条和第 6 条成功法则，即“利用网络的自动化功能”和“提高业务规模的可伸缩性”。如果你跟“互联网银行”的联合营销人员合作，让他们帮你推销产品，那么你的事业也符合自流量生活创业者的第 4 条“成功业务外包”。

3. **让人获得满足感**。用户付钱之后能马上得到产品，这符合“便民准则”。人们在需要的时候才会购买产品，所以产品的传输速度一定要快。用户都喜欢能快速获得自己购买的产品，如果能在这方面满足他们的需求，你就能赚到更多钱，这个道理尤其适用于冲动型消费者。如果你的产品满足“便民”原则，价格就不再是问题。用户会想：“我能现在就得到解决问题的方法吗？如果能，多少钱都可以啊！”

如何开始销售可下载的数字信息产品

首先要选择一个主题，不管是什么话题，只要能满足用户的需求；其次要新建一个文件夹，里面可以是你的政治评论性文章，也可以是一张新家设计图，还可以是自己乐队的音乐小样。把这个文件夹上传到你自己的网站，即自己的在线商店。为了让自己的产品卖得更好，你可以把它放在一个知名度较高的网站上，委托网站上的销售平台帮你营销。我用的是自己的网站 MillionairesDomains. com 上面的一个销售平台，每个月只需付 8. 99 美元的委托费。除此之外，你还可以使用专门提供文件下载的平台，例如电子迷（e-Junkie）和付费下载（Payloadz），以及“互联网银行”等。

自流量生活创业者的成功秘诀：成为贝宝平台上的卖家

在线销售数字信息产品最简单的方式就是成为贝宝（Paypal）平台上的卖家。成为卖家之后，你就可以免费安装他们提供的“购买”工具。即简单把代码复制之后，将其粘贴到自己的网站上，之后网页上就会出现“现在购买”按钮，用户点击之后，就可以直接付钱购买。你要提前将文档传到网站上，用户付款之后，就可以自动跳转至下载页面，之后他们就能直接下载文档内容。用户付款之后，贝宝的后台系统会将钱转至你的银行账户，用户的页面也跳转到已下载页面，同时你还会收到一封确认邮件，以确保整个付款过程准确无误。如果你已经学会了，那么恭喜，你即将成为一名真正的自流量生活创业者！

第四部分

如果没有自己的产品，应该怎么办

第15章 学会营销他人的产品

如果你没有自己的产品，或是不想花时间生产产品，就可以利用我们在前几章讲过的电邮、播客、博客、在线视频等多种工具用别人的产品赚钱。如果要采用这种方式赚钱，你首先要选择一个知名的在线产品，用自己的方式对其进行测评、宣传，或组织在线讨论。如果你喜欢在线推荐产品，喜欢在自己的拼趣（Pinterest）、推特、谷歌+等社交网站上分享东西，乐于在网上上传视频，喜欢采访他人、做产品测评，而不喜欢写东西，不喜欢做研究，也不喜欢自己生产产品，那么这对你来说就是一个很好的赚钱策略。

产品推销服务

你可以提供类似下文提到的产品推销服务，向自己的目标市场用户推荐他们需要的产品：

- AnyLuckyDay. com 是一个网络推销平台，广告商每天会给这个平台的站主吉安卡洛·马萨罗（Giancarlo Massaro）一定的费用，让她帮忙推销自己的产品。马萨罗采用的推销手段是将赞助商的产品拍成视频，放在网站上，同时放在自己的推特、脸书等社交平台上，或者以电邮的方式发送给订阅用户。受众在产品下面评论，就有机会获得每日奖赏，这也让赞助商的产品得到了一定的曝光。

- 詹森·萨德勒（Jason Sadler）的推广方法则与马萨罗不同，他会每天穿着印有赞助商标志的 T 恤，帮助他们推广品牌，吸引用户。作为一个人形广告牌，他除了穿特制衣服之外，还会把推广视频放在 YouTube 上，放在视频平台 Ustream 上直播，或者把相关照片放在脸书及推特等社交网站上。2009 年，詹森成立了自己的在线推销网站 IWearYourShirt. com，那时只有他一个人做这件事，而现在他在美国不同地区雇用了 4 个专职穿 T 恤的人，帮助他宣传。

很多公司都想通过社交网站推销自己的产品，但是由于人手不足，或者是对社交网络不够熟悉，宣传工作做得不是很好。而跟詹森的网站类似的在线平台能很好地为他们服务。

产品测评

如果你没有自己的产品，可以选择一个小众市场，将这个市场上的最新产品和服务测评放在网上，吸引网友。例如：

- 鲁米·尼利（Rumi Neely）在 2008 年开设了具有其个人风格的博客“为时尚干杯”（Fashion Toast）。她会在博客上放自己穿上全套时尚服装的照片，并在照片下面附上自己的评论，这足以吸引来自世界各地时尚潮人的注意力。现在，赞助商不仅会付钱给她，让她有资本去环游世界，还会给她提供各种各样的衣服，让她作为模特穿着在世界各地拍照，将照片上传到她的博客，帮助赞助商宣传他们的产品。

- 烂番茄（Rotten Tomatoes. com）是美国目前著名的影评网站，其建立者森·东（Senh Duong）最开始的目的是将网上关于成龙（Jacie Chan）的所有影评综合起来。这家网站现在每月都有 2 000 万的阅读量，其拥有者为华纳兄弟电影公司（Warner Brothers）。

雷·威廉·约翰逊（Ray William Johnson）是 YouTube 上拥有最多订阅用户的在线服务平台的创始人。他发布的视频点击率加起来有 20 亿，主要内容是影评、影视批判以及自拍的恶搞剧。

采访他人

采访他人也可以作为你创建自流量生活的基础：

- 韦恩·哈尔伯特（Wayne Hurlbert）自己开设了博客（Blog Business Success Radio），主要采访新上市商业书籍的作者，他也会在自己的博客（Blog Business World）上发布书评。作为一名资深的博客电台谈话节目主持人，韦恩从 2006 年到现在已经采访了大约 400 位权威的商业书籍作家、公司首席执行官、工商界人士以及创业者。除了能够让他在位于加拿大温尼伯的家中办公之外，韦恩的采访节目以及书评博客也给他带来了很多生意机会，有很多人通过社交网站向他咨询相关信息。
- 安德鲁·华纳（Andrew Warner）也有一个以采访他人为主要

内容的互联网创业社区 Mixergy，他经常在网上发布与小企业创业者对话的视频。到目前为止，他已经采访了上千个创业者，将他们的经验和经历编撰成册，做成在线课程给网友看。安德鲁的观众喜欢“创业成功的商业技巧”类的谈话，他自己的收益来源则是广告商赞助、课程学费以及高级会员的会费。

联合营销

成为自流量生活创业者的另一种方法就是参与在线联合营销项目，它能让你从每一笔销售中都赚到钱，不管是通过网页广告，还是电邮推送。每笔销售的回扣都不一样，有的只有产品售价的百分之几，有的则高达上千美元。

尽管联合营销本身就是一种商业模式，但我认为只有当你有了一定的读者群之后，它才更像是一种能够为你赚钱的广告策略。如果你没有一定的读者群或者只销售单一产品，赚钱是一个挑战。如果你已经有了一定的读者群，之后再加入联合营销项目，给用户提供符合他们要求的高质量产品和服务，很容易就能赚到可观的收益。

在第 23 章中，我会给你介绍我最喜爱的联合营销项目以及如何营销他人的在线产品，这是一个低风险的自流量生活策略。

快销以及团购

针对小众群体的团购网站总会有更多的商业机遇。在 Woot. com

网站在科技产品的团购方面做得不错时，Haute Look 以及大型海淘网站 Gilt. com 也打入了日常服装以及高端时装等领域。除了这些可以叫得上名字的网站之外，还有上万个小众市场亟待开发，不管是宣传他人的产品还是转卖第三方商品，你都可以通过开发这些市场上的目标用户赚钱。比如尝试着向经常购买材料的管道工或者承包商推销快销产品，或者试试向家庭推销旅游产品、向老年人推销医疗用品、向游艇爱好者推销游艇设备，或者向牙医推销牙科用品。

上文提到的营销策略适用于任何一种产品的营销。如果你采用更有针对性的宣传模式，如拍摄视频、分发赠品、进行测评、对重要用户进行采访，或者签订协议等，很少有发展不起来的小众市场。每家公司都希望自己的新产品被更多的人了解（它们经常愿意在这方面花钱）。当然，用户也愿意了解更多的产品信息。如果你愿意在自己喜欢的领域做公司和用户之间的桥梁，就能建立一份属于自己的自流量生活。

代发货模式不可用

一位来自英国的 Clickmillionaires. com 网站的会员曾写信向我咨询代发货的问题。

尊敬的斯科特先生：

我想了解一下代发货业务模式的利弊，如果想做的话，应该如何开始？

谢谢！

莉兹（Liz）

来自英国坎布里亚

以下我给莉兹的回信：

莉兹，你好！

听起来你似乎已经被代发货业务模式的前景所吸引，其实不奇怪，很多自流量生活创业者最开始都会这样。但很遗憾的是，它并不像你所期望的是一种互联网赚钱模式。

的确，如果做代发货业务，一方面能保证产品的质量，另一方面自己根本不用出钱买产品，不会有太多的库存，风险也不高。并且你也不用做销售以及产品邮寄，只需要把用户的订单发给制造商，然后由他们直接邮寄产品，这样的业务模式的确要简单很多。当你还没有确定自己感兴趣的领域，也没找到目标市场，甚至还没来得及做出一个与众不同的营销规划时，就要开始选择产品，做代发货业务，这是错误的第一步。

参考网上的代发货供应商名单可能会对你有帮助，但是你的业务看上去也只不过是卖广告、信息产品或者是联合营销产品。

想知道我的建议吗？把你想要投资在代发货业务上的钱存起来以备后用，不要再想着成为代发货服务的一个“成员”。正相反，你要制定一个具有个人特色的电子事业策略，满足用户的需求，建立起自己的受众群，然后再根据用户的具体需求，寻找可供销售的产品。

祝好！

斯科特·福克斯

第16章 成为自由职业者，规划自己的生活方式

自流量生活创业者：克瑞斯特尼（Khrystyne）

职业：自由艺术家

自我介绍：2008 年，我成了一个自由职业者，到现在为止，我已经做过 350 份不同的工作。两岁那年，我开始学习画画，画画一直是我的爱好。我现在是在过自己梦想的生活，用我爸妈的话说就是，如果你热爱自己的事业，那么即使在工作也会很享受。

背景介绍：我在广告行业工作了 12 年，之所以选择成为一个自由职业者，是因为想自由安排工作时间，同时能有时间照顾家人，与家人相处。借助互联网强大的资源和全球一体化，我现在能通过做自己喜欢的工作养活自己，享受生活。还有比这更好的生活状态吗？

不是必须成为首席执行官才算成功

本书中大部分内容都在告诉你如何建立自己的事业，成为首席执行官，但即使不成为首席执行官，你也能通过其他方式获得在线事业的成功。其中最容易起步、最为灵活的方式就是通过承接项目成为一名自由职业者。

成为一个自由职业者就意味着你的工作是单个项目，不用每天准时到办公室向上司汇报工作，不用每天做同样的工作、跟一群人一起吃同样的饭菜。独立承接项目能省去很多麻烦，你不用承担全职工作要求的责任，履行行政上的繁文缛节。做自由职业也是用时间换钱，但跟“真正的工作”相比，至少你可以根据自己的时间来安排工作。

个人承接项目的工作很灵活，它不仅可以帮你重新认识自己，通过提供劳动以及企业需要的服务赚钱，还能帮你找到适合自己的生活方式。

作为一个自由职业者，你可以：

- 在任何地方工作。
- 选择自己喜欢的项目。
- 工作报酬能对得起自己花费的时间。
- 两个项目之间可以有自己的休假时间。
- 避开自己不喜欢的工作。
- 安排工作时，将个人生活方式放在首位。
- 做项目的同时，还可以兼职其他工作。
- 尝试不同的职业。
- 学习新技能。

以上就是自由职业的魅力所在。你能够做自己喜欢的事情，尽管不是总有高薪，也可能没有医疗保险，但至少可以根据自己的需求，选择喜欢的项目。

承接自己喜欢的项目，或是做一些有新技能要求的项目，实际上是别人付钱让你去学习。如果你一直坚持在自己感兴趣的项目上积累经验，就能获得更高的回报，通过跟大公司打交道，学习他们的商业模式，迟早有一天你在建立自己的事业时，就能把学到的知识为己所用。

自由职业者如何找项目

听我说了这么多自由职业的好处，你可能会问："自由职业的前景的确很棒，但怎样能找到项目呢？谁会愿意付钱给我？"说到这里，就不得不提互联网。互联网时代，报纸上刊登的招聘广告已经被网络项目市场所取代，但两者的实质是一样的。eBay（易贝）为买卖双方提供了一个在线平台，让卖家把自己不需要的东西卖掉，买家能买到自己想要的东西。网络项目市场是雇主们寻找自由职业者的在线平台，它每天都会提供上万种不同的工作，你可以根据自己的需求和时间随便挑选。

其中几个比较受欢迎的平台是：www. odesk. com；www. freelancer. com；www. vworker. com；Elance. com，网址是 www. elance. com；www. guru. com 以及 www. hiremymom. com。

以上在线招聘平台能帮助需要项目外包的公司找到合适的承包人，或许某一天，你就是他们要找的人。

你有自由职业者需要具备的技能吗

你可能从来没想过自己拥有的一个计算机专业证书会帮你成为

一个自由职业者，但网上很多项目的确跟电子信息有关，整个社会的发展趋势以及商业的发展促使越来越多的公司开始在网上寻找自由职业者。仅仅 Elance 一家网站就有 160 756 个注册雇主，虚位以待的项目大约有 142 723 个。很多项目不只需要程序员或者网页设计师等精通电脑的人，还急需销售员、写手、视频编辑师、律师、工程师以及翻译等各行各业的人。如果你没有很专业、具体的技能，也可以找不需要过于专业的工作，比如行政助理或者客服工作，比如我之前还曾看到过一个帖子，寻找能帮忙检查文章语法问题的人。

为了进一步说明成为一个自由职业者，享受自流量生活的确可行，我对 Elance 网站的首席执行官法比奥·罗萨蒂（Fabio Rosati）进行了专访。

自流量生活创业者的采访记录

法比奥·罗萨蒂，外包网站 Elance 的首席执行官

斯科特： Elance 网站上最受欢迎的是哪种类型的自由职业者？如果自由职业者想在线找工作，他们要怎样开始？

法比奥： 雇主的需求总是在不停变化，所以对于自由职业者来说，一个关键的策略是不仅要了解自己的技能，还要明白雇主的需求。最完美或者最理想的状态就是你所具备的技能正好是雇主所需。

比如你的技能是设计文字、图表，如果你把自己定位成业内优秀的文字、图表设计者，并且将自己设计的一两个有代表性的

作品添加到简历上，就能帮你在众多的同类竞争者中脱颖而出，在市场上占据一定的优势，因为目前市场上很多人都在寻找优秀的文字、图表设计者。

跟软件开发类似，如果你能花时间学习一下如何做安卓手机操作系统的软件开发，那你就能赢得一部分安卓系统工作。之后你就会逐渐做更多相关项目，在积累了一定的工作经验之后，在安卓开发群里你就会有一定的知名度，这能带给你更多的工作机会。据我们网站统计，社会上对安卓系统编程人员的需求每年增长超过800%。

斯科特：除了编程等技术性比较强的工作机会，网站上有雇主提供技术性不太强的工作吗？

法比奥：当然有。例如我的网站就需要大量兼职客服人员，小公司不可能雇用全职人员全天24小时在线应答，因为雇用全职客服人员的成本很高。所以它们经常做的是在网上雇用兼职客服人员，这些人员来自世界各地的不同时区，以保证这些公司客服全天24小时都在线。这些公司需要兼职客服人员全天在线接听用户来电，没有兼职客服人员，这些公司就不可能提供全天在线服务。客服行业的门槛很低，因为从事这一行的人员只需要反应快、有礼貌、说话清晰、及时接听电话和回复邮件就可以。

斯科特：用Elance找工作都有哪些成本开支？

法比奥：不管是雇主还是自由职业者，都可以在我们网站上免费发布招聘以及求职信息。我认识一个在我们网站上做兼职的图表设计师史蒂夫·索托（Steve Soto），他住在洛杉矶，有一个全职工作，Elance提供给他的都是能在晚上以及周末做的工作。

两年后他开办了自己的公司，有了自己的员工，但业务工作几乎全部依靠 Elance，后来还购买了我们的会员服务，以便能利用我们的各种免费业务来为自己招揽优质用户。

斯科特： 你能简单向我们介绍一下 Elance 的市场规模吗？

法比奥： 通过 Elance 这个平台，我们目前一共向自由职业者支付了大约 5 亿美元的薪水，仅过去 12 个月的开支就达到了 1.6 亿美元。这个数字现在正以每年 70% 的速度增长，增长速度比预计的还要快，因为自由职业这个市场发展得越来越大。越来越多的人发现在线找工作的效率很高，机会也多，并且已经习惯在线交流和远程办公。当越来越多的公司选择在 ELance 上发布招聘信息，工作机会就越多，就会吸引越来越多的自由职业者参与，这是一个良性循环。

斯科特： 自由职业者通过这个平台一般能赚到多少钱呢？

法比奥： 这完全取决于个人，取决于你准备在这个业务上投入多少精力，想一天工作 10 小时还是一周工作 10 小时？有人一年赚了四五万美元，也有人一年赚了几千万美元，这完全取决于投入精力的多少。

斯科特： 自由职业者完成项目工作后，怎样能保证自己准时拿到钱呢？

法比奥： 说到这里，就不得不提我们网站的优势。我们会在网站上提供每家公司、每个求职者的相关数据，包括他们的在线时间、曾经合作过的人，每做一个项目公司支付的费用，以及公司曾经发布的帖子数量。在给公司推荐合适的自由职业者的时候，我们会给他们提供之前的雇主对这位自由职业者的反馈，帮助公司判断此人是否可靠。除此之外，如果想通过 Elance 平台找工作，我们会提供两种可选择的交易方式。

如果报酬是一个固定数额，我们会要求公司把钱放在我们的平台上，当求职者把工作完成交付给公司，公司确认之后，我们会自动把钱转进求职者的账户。如果报酬是以时间来计价，那么当你开始工作时，系统就会自动追踪你的工作时间，之后将你的工时表转交给公司，公司会根据工时表付钱，保证你能在工作完成之后的5天之内拿到报酬。

斯科特：自由职业者如果想通过 Elance 找工作，应该怎么开始呢？

法比奥：基本上可以分为3步。

第1步是填写个人信息，我们的后台系统会根据求职者所填的信息对用户身份进行验证并审核。系统完成身份验证之后，求职者的电子版个人信息就会出现在网站上，其实这就是求职者的简历。

第2步是对这份简历进行补充，比如上传个人照片，将自己设计过的图表、网页链接、写过的文章或者是其他可以证明能力的材料附在简历后面。

第3步是将自己与他人区分开来。在 Elance 平台上，我们提供了400多种不同的测试方式，以验证被测试者的真实水平。你可以参与这个测试，跟其他同行业、同类型的竞争者一起做测试，之后就能看到自己在这些人中的排名。我们曾经有个 WordPress 高手，他在我们提供的相关测试中排名第一。这个名次对他的工作起到了很大的帮助，因为他排名最高，所以工作的小时费高于其他人。做完这一步能将你与他人很好地区分开来。

以上3个步骤就是注册 Elance 的过程，但并不是说需要一次性完成这 3 个步骤才能完成注册。的确有人在半个小时之内就完成了注册，开始活跃在网上，但也有人花的时间稍微长一点。

斯科特：假如在 Elance 上有 50 万个求职者的技能都跟我相似，但我还是想成为一个成功的自由职业者，在这种情况下，如何将自己与他人区分开来？你能不能推荐一些可以运用的差异化策略或者营销技巧，成功地让求职者脱颖而出呢？

法比奥：我的建议是你在一开始就要弄清楚自己的优势是什么？千万不要把自己定义为一个全能的人，这对你没什么好处。如果你不能将自己的优势集中到某一个具体的领域，那么很有可能就会被认为是一个什么都懂一点，但是没有一方面精通的人。最好在一开始就让雇主知道你的兴趣所在，在制作简历时，将其加入个人说明中，最好能上传一些自己的作品以证明能力。晒出你的专业证书、列出你掌握的技能、有重点地在网上展示自我，所有这些手段都能帮助雇主在网上发现你。

把简历做好之后，下一步就是要写一封自荐信。在写作自荐信方面你可能犯的最大错误就是没能围绕自己的专业特长，不能凸显自己的能力。如果你在找工作时没有花时间仔细研究雇主贴出的岗位要求，自荐信也不能详细地解释自己为什么能胜任这份工作，那么干脆就不要提交自荐信。

千万不要认为只要你申请了，马上就会有工作机会。如果的确如此，那只能说明你比较幸运。确实有很多自由职业者在我们的网站上找到了适合自己的工作，但还有很大一批人一直在等待工作机会，他们每天都在线，不断完善自己的简历。成功的自由职业者会告诉你，成功的秘诀就是坚持自己的选择，但同时也要及时从失败中吸取教训。

斯科特：你能跟我们分享一些成功案例吗？

法比奥：我们的网站上有很多成功案例，比如来自爱奥瓦州的本·格兰（Ben Gran）。他之前是一名银行职员，后来他的老婆怀孕了，为了能赚更多的钱养家，他开始在ELance平台上做一名兼职写手。大约一年以后，他辞掉了银行的工作，开始做全职自由职业者。到现在为止，他已经做了几十个大项目，别看他现在只是一个居住在美国中西部的写手，用户却来自世界各地，包括日本东京、澳大利亚以及英国。这是一个很吸引人的故事。

还有一个成功案例是朱丽叶·巴比汗（Julie Babikan），她住在芝加哥附近，曾经在一家大型会计师事务所工作，但是突然被解雇了。她本可以花时间再找一份工作，但是后来决定要掌握自己的命运，不想随时都能被炒鱿鱼。经过长时间的积累和努力，她建立了自己的事业，不再做会计，而是成了一名在线全职图表设计师，同时也创办了自己的公司。

我认为能够把事业掌握在自己手里的人才是创业市场上真正的英雄。

斯科特：您刚讲了两个故事，银行家成了一名极具创作力的作家，会计师成了一名图表设计师，其实他们都是通过自由职业找到了属于自己的事业。不管是从金钱收益上来说，还是从人生意义的角度上来说，这都是值得开心的事。

法比奥：虽然不是每个人都能像这两个案例中的主人公一样获得成功，但其实有很多人可以通过自由职业获得成功。

如何通过自由职业提升自己

如果你想下班后或者周末时间充分利用自己的知识和技能，如果你想把自己学到的新技能用于实践，那在线兼职就是一个很好的选择。线上工作一般都是雇主直接付钱，做完一个项目就能拿到报酬，也有的是按照小时计费。如果你拥有大多数人都会的技能，你的市场价就可能是每小时 10 美元或者更少，但如果你拥有一项大部分人都没有的技能，那你甚至可以要价每小时 100 美元或者更多。如果雇主给你的全是好评，时间久了以后，就可以提高自己的要价，还能选择自己喜欢的工作，学习更专业、价值更高的知识和技能。

在 Elance 等工作平台上为他人服务，做一名自由职业者，提高自己的专业技能，提升自身的好评度，能帮你省去个人创业不必要的麻烦、责任以及行政上的繁文缛节。这些求职平台会免费帮你处理账单、工时表、接单。你只要在这个平台上写上自己对哪类项目感兴趣，并给出自己的要价，它们就会帮助你处理后续问题，让你在下班后为接到的订单大吃一惊。

你也可以利用这种策略规划自己的人生和职业生涯，不管你是只会做抄写、客服、销售等工作，还是一个写手、视频编辑、技术编程人员、律师或者灵感爆棚的设计师，都可以利用这个平台成就自己的事业，因为不管是什么技能，总会有用得着的地方。当你逐渐拥有了更多的技能、完成了更多的项目、获得了更多的好评时，就可以提高自己的要价，围绕自己喜欢的工作来重新规划生活并赚钱。

即使你没有一项具体的技能，也能成为一名在线虚拟助理，远程帮助别人管理生意。跟之前相比，这项工作在当今的互联网时代更加简单，因为出现了很多长途通话工具，比如天空（Skype）软件、便宜拨打长途电话的服务以及其他各种网络工具等。你刚开始做可以要价较低，一小时 5 美元或者 10 美元，做多了之后就可以提高价格，我知道有的在线虚拟助理每小时要价 50 美元、80 美元，甚至 100 美元的也有。法比奥在采访中给我们讲了很多案例，他说曾经有个虚拟助理在 Elance 上做了 3 000 多个项目，一共赚了大约 70 万美元。

自由职业是你通向新生活、 新事业的入口

尽管不是每个人都会把自由职业当成事业来做，但我还是把它作为本书的一部分，因为我知道很多读者都看过我的书、订阅过我的播客、在 YouTube 上看过我的视频，甚至也上过 ClickMillionaires. com 这个网站，虽然这些读者听到了很多，看到了很多，但可能对创业仍感到迷茫，不确定自己是否适合这样的生活，不确定自己能否成功。他们知道自己应该踏出第一步，也知道互联网是一个很好的起点，但就是不知道如何开始。

网上大多数经验会告诉你，创业首先要有自己的想法，之后将想法发展成一份事业。其实我也同意这个观点，如果这个观点真的能帮助你成就一番事业，我会很为你开心。但是如果你不知道如何开始的话，自由职业是一个很好的选择，它不仅能帮你赚到钱，风险也比创业、开公司要小得多。

成为一名自由职业者意味着你可以拿着别人的钱去学习，学习自己感兴趣的电子商务，像是拿着奖学金去上大学。但同时也意味着在最开始的时候，你可能接到的都是小项目，不管是收入还是其

他方面，都达不到你的心里预期，但是不要急，要知道每个人都是先会走再会跑，小项目做多了慢慢就能接到大项目。如果你是“分析麻痹症”患者，即不能有条理地分析问题，也不知道该如何开始自己的创业路，自由职业者这个身份就能够帮助你试水自己感兴趣的行业，对你来说这未免不是一个很好的起步途径。

自由职业者跟我一直所提倡的自流量生活创业者的成功之路不太一样，但对你来说是一个尝试的机会。自由职业者可以自己决定工作定价，自由选择想做的项目。如果你能学习、赚钱和探索事业三不耽误，那就有可能创立和发展自己的在线事业。

虚拟助理工作也很赚钱

即使你不会编程，不具备先进的专业知识，也能在互联网上找到属于自己的工作。只要你能熟练使用电脑，具备专业的工作态度，就能成为一名在线虚拟助理。“虚拟助理”从字面上理解就是一个可以远程工作的助理，在家办公，不跟老板待在同一个办公室。虚拟助理基本上什么都做，小至一些跑腿活儿，大到帮助想一个营销创意。由于他们要价不高，因此在过去的 10 年里，已经取代了大部分办公室行政助理。

虚拟助理最初的工作类似传统意义上的助理，帮忙策划会议、对外沟通、安排经理日程以及接听电话等。但是随着互联网的逐步发展、电子通信以及电话的普及，虚拟助理已经成了企业管理者的廉价助手，他们的工作范围逐渐扩大，只要是能在网上完成的工作，比如发送电子邮件、市场调研、社交媒体营销以及公关宣传等，都属于他们的工作范围。

虚拟助理一般都是自由职业者，他们的收入相对较高，通常以单个项目计费，每个项目至少持续一个月。很多虚拟助理都有办公室工作的经验，他们有的做过行政助理，有的曾经是公司高层人士，但并不是说成为虚拟助理就一定要有实际工作经验。只要你知道如何在商业场合表现得更专业，就可以成为一个虚拟助理。

为了推销自己，也为了能寻找到新的用户，很多虚拟助理都会在网上项目平台上注册账号，将个人信息、具备的技能以及喜欢做的工作放在个人网页。虚拟助理的报价一般以小时为单位，当然他们也提供"折扣优惠包"，比如能连续工作一个月，价格就会稍微低一点。当然不管是谁，最开始的报价都很低（美国以外其他国家的虚拟助理可能要价更低），但是对于有经验、有能力的虚拟助理来说，每小时要价 80 美元甚至 100 美元都很常见。图 16.1 所示是常见要价以及优惠价格。

基本工资	**折扣优惠包1**	**折扣优惠包2**
每小时35美元	每月工作10个小时315美元（享受10%的折扣）	每月工作20个小时560美元（享受20%的折扣）

图 16.1　虚拟助理要价以及优惠价格

虚拟助理工作吸引人的地方在于它带来的生活方式符合自流量生活创业者的需求：工作时间灵活、可以在家办公、能够选择不同类型的工作、跟不同的人交流，再加上每个月都有固定收入。作为一个虚拟助理，你虽然参与了公司的工作，跟员工一起为公司的发展而努力，但并不需要额外抽出上班时间，也不用跟其他员工一样非得坐在办公室办公。

第17章 模仿出来的百万富翁（甚至亿万富翁）

工程师克里斯托弗·林德纳（Kristof Lindner）之前是一个有着很大人生抱负的公司白领，德国人。他在网上听了一个来自美国的励志课程之后觉得特别好，就想为什么德国没有类似的课程呢？之后他利用下班和周末时间开始翻译这个课程的内容，将其介绍到德国，办了一个类似的德国网站。3 年后，他的收入达到了 6 位数，同时经营着 6 个活跃度非常高的网站，主要销售有授权的、在美国比较受欢迎的电子产品。

你是不是读了很多遍，还是没有得到任何启发？让我来告诉你吧，这又是一个成功的在线赢利方式，即复制别人成功的互联网产品！利用成功网站的经营模式、服务以及网页设计，在任何一个行业，任何一个国家都能找到无限的商机。但我并不是说要抄袭别人的东西，而是利用他们成功的商业模式将自己的目标群体凝聚在一起，或者是将已经很成功的、有价值的内容加以整合，通过一种新的形式展现出来，这是创业初期可以采用的方法。

成功的事业之所以能成功，是因为人们对这个市场有需求。如果你做这一行，肯定也有受众，这就为你省去了大量市场调研以及产品研发的时间。建立网站时，你还可以参考其他同类网站的特点、版面设计和商业模式。

在模拟成功网站方面，最令人印象深刻的就是德国的桑威尔兄弟（Samwer brothers）、马克（Marc）、奥利弗（Oliver）以及亚历山大（Alexander）凭借引进并模仿美国成功的网络公司而成为亿万富翁的案例。1999 年，他们模仿美国的易贝，在德国成立了一个类似的网站，4 个月之后，易贝花了 5 000 万美元，以入股形式买下了这家网站。

在获得这个巨大的成功之后，他们继续着自己的模仿之路，之后成立了一家研发手机铃声的公司然巴（Jamba），把它以 2.73 亿美元的价格卖给了 Verisign（美国一家提供智能信息基础设施服务的上市公司）。他们之后又在德国建立了一家类似脸书的社交媒体网站，2007 年的时候又以 1 亿美元的价格卖掉了这家网站。之后他们将自己赚到的钱投资美国脸书以及领英公司，在这两家公司赚到钱之后又把资金投到创业公司，尤其是那些希望将业务扩大到欧洲的创业公司。他们最近的一个动向是在德国建立了一个类似高朋的团购网站，5 个月之后将其卖给了美国高朋公司。

桑威尔兄弟的成功是因为海外网站原本的网站语言以及使用习惯不适合当地人的使用习惯。同时也说明，跟美国相比，其他国家的知识产权法律对于原始网站的保护不是很到位。

通过模仿创造属于自己的商业模式

虽然从国外引进已经成熟的商业模式会很容易成功，但也不要老盯着国外市场上的机会，只要能找到适合自己的可赢利的商业模式，就可以将其为自己所用，帮自己赚钱。如果你想尝试进入资本密集型行业，比如汽车、在线搜索行业［这两个行业的翘楚分别是福特（Ford）和谷歌，它们在工程师研发以及基础建设方面投了很多钱]，那竞争会非常激烈，如果想在这些产业有一席之地，投资成本会增加很多。

创建网站的确是一种简单的赚钱方式，风险小、投入少并且只要找对目标市场，很容易就能赚到钱。现在一些受欢迎的网络公司业务规模发展得很大，在扩大服务领域的同时，他们也会逐渐忽略一些小众市场，不在这些市场上投入太多精力，这就给你提供了商机。

比如，在线拍卖行业中，易贝在市场上是巨头，但是否可以尝试着打造一个你感兴趣的产品和服务在线交易平台呢？该平台是否有足够发展空间？在这个平台上，用户可以拍卖小猫玩的玩具或者修剪花草的工具，也可以拍卖旧办公家具、用过的曲棍球或者是只穿过一次的婚纱。

在你感兴趣的行业，或许已经有了一个知名的博客，如果你想开一个新的账号，就可以另辟蹊径，比如博客内容以行业内大公司的知名人士为主，或是着重于研究某个地区的业内行情，也可以是本行业内美国公司的跨国员工，这些话题都可以。当然，这些话题不限于以博客的形式呈现，做播客也可以。

行业目录是一个相当容易开始的项目，尽管现在市场上已经有很多涉及内容较为广泛的行业目录，但你可以将目录做得更具体、更有针对性，比如提供一个能教法语的幼儿园目录，列出乔治亚州（Georgia）主要的牙医门诊地址，或者是加拿大境内二手凯迪拉克零部件供应商地址。

如果你对以上几个话题都不太感兴趣，不妨尝试以下几个方面：

- 尝试将原本已经拥有很多受众的内容或者服务用另一种新的方式传递给人们，比如将原本很受欢迎的博客内容以播客的形式展现给观众，将电邮内容整理成电子书或者做成视频发送给订阅用户。
- 写博客并通过电邮方式发布某一个行业的最新消息（跟我们讨论过的彼得森的 NTS 在线类似）。
- 在网上开设一个跟化妆有关的视频节目，将其打造成一系列内容，节目形式可以参考我们在第 12 章讲过的福勒姐妹在 YouTube 上的成功案例，你可以用西班牙语、俄语或者中国的普通话。
- 随时更新自己的想法以适应新媒体的发展和不同内容传递方式的需求。例如，在克雷格列表（CraigsList）为人们提供在线求职以及招聘信息之后，报纸上几乎再也没有出现过求职招聘版面。所以你可以想一想，觉得哪种信息，或者是哪种服务能结合当今社会先进的通信工具呢？
- 取人之长，补己之短：如果你选定了一个自己喜欢的目标市场，在进入之前，可以看看目前市场上的同类网站。将这些网站做得好的地方都用到自己的网站上，取人之长，补己之短，不用刻意模仿某家网站，而是模仿它做得好的地方，比如内容好、销售模式更有效、营销模式更吸引人，在线社区维护好等。

富有创造性的方法为自流量生活创业者提供了大量机会，他们模仿大企业的业务，为受众提供更好的服务。在第 1 章的练习题里，你已经写下了自己的兴趣爱好，现在就可以翻回去看看自己感兴趣的服务或是自己当初的想法。不管采用什么模式，目标是什么，最关键的还是要弄清楚用户的需求以及你能解决的问题。之后根据他们的需求，将问题最好的答案用最有效的方法传递给用户，就能帮你赚钱。

充分利用已成熟的商业模式赚钱

不管自己建立新的网站，还是模仿别人的网站，只要能满足用户的需求，即使它仍处于起步阶段，也会有人愿意出钱购买你的产品或服务。桑威尔兄弟就在利用这种商业观念赚钱，他们在自己的国家参考国外网站建立一家类似的网站，当这家网站为本地大部分人服务时，他们会找到国外原网站的主人，向他们说明这家模仿网站在当地很受欢迎，或者已经有很多用户。如果国外原网站的创建者了解到其商业模式在另一个地区也能获得收益时，自然愿意出钱购买。

团购网站目前被模仿最多，也是模仿者能稳定赢利的一种网站。在很长一段时期内，高朋在俄罗斯、日本、德国以及智利等国家买下了很多模仿自己的网站，2009 年成立的德国柏林的网站 DailyDeal. de 就被谷歌收购，网站创建者菲比安·海勒曼（Fabian Heilemann）和费里·海勒曼（Ferry Heilemann）将网站以 1 亿美元的价格卖掉，再加上网站高达 5 000 万美元的预估收益，他们共获利 1.5 亿美元。

其实你也可以利用这种模式赚钱，或许你没有强大的技术能力做支持，也模仿不了高科技公司，但至少可以模仿一些小公司，或者小网站，即使赚不了 1.5 亿美元，至少能改善自己目前的生活。

如何模仿一家成功的网站

如果你想模仿一家已成熟的商业网站，就可以利用我们在稍后几章会讲到的基于网页的网站建设方法，这种方法不仅能加快网站建立过程，成本也不高。但如果在起步之前，你已经做了市场调研，认为自己要做的事业一定能获得成功，也可以花钱做一份“真正的事业”，把你的计划放在我们上一章讲过的自由职业者平台上，很快就会有懂技术的人来帮助你将梦想变成现实。

第五部分

如何在线找到适合自己的小众市场

成功的秘诀就是让工作变得跟度假一样愉悦。

——美国作家马克·吐温（Mark Twain）

你可能觉得自己没有好的想法，也没有特殊的技能能够帮助自己成就一番事业，但是我认为你拥有自己创业所需的技能。想想你的日常生活，或许你就是拥有多项技能的“专家”。比如你现在的工作、之前的工作、工作的行业、就读过的学校、家庭、邻居、最爱的运动、兴趣爱好、孩子或者亲朋好友、民族背景、宗教信仰、政治面貌、做过的慈善活动、自己或者家人患有的病症、缴纳的社会保险、晚餐吃了什么、曾经去游览过的地方、家装经历以及是否有园艺需求等，都是可挖掘的话题。你自己可能并未发觉，每天的日常生活看似平淡无奇，实则可能给你带来很多创业话题，你具备的某项技能或许在你看来无用，却有可能帮助他人解决难题。

我们生活在一个特殊的时代，实体零售市场逐渐细分，传统媒体也逐渐失去了读者的青睐。这些变化是成千上万的小众市场逐渐发展的结果，它们给了你机会，让你根据自己的经验和爱好，建立一份属于自己的在线事业。只要你能给用户提供有帮助的可赢利产品，从网上将那些需求未被满足的用户吸引过来，满足他们的需求，就能帮助自己获得成功，改善自己的生活方式。

所以现在你的任务就是找到一个自己感兴趣的目标市场，发展一批有需求的受众。只要踏出这一步，就意味着你已经迈向了成为自流量生活创业者的成功之路。

所以现在最关键的是要踏出第一步。

第18章 成功吸引用户才能建立可赢利的事业

现代社会，在生活变得越来越忙碌的同时，我们的注意力也正在被不同的内容所吸引，读者在接受新事物之前，通常都会提出疑问：“这个新事物值得我花时间了解吗？”为了能让自己的投资有回报、产品有市场、内容有需求，你提供的内容和服务必须要足够吸引人。

在20世纪，如果要购物，首选就是商店。一般来说，实体店的规模都很大，开业之前就需要各种资金投入，比如建造实体店铺、购买设备、雇用员工、营销宣传等，同时还需要与供货商建立良好的关系，以保证库存充足。在以前，新闻内容写作和传播很大程度上局限于专业的媒体从业人员，他们必须在某家大型纸媒工作，或是有过在广播公司或者图书出版公司工作的经验。但随着互联网时代的到来、在线零售价格的降低以及自媒体行业的出现，不管是零售商还是媒体业，都在艰难地与低成本的互联网行业做斗争。另外，互联网也带来了很多新事物，比如视频游戏、网络社交媒体软件以及移动电子设备（人们可以用手机登录脸书账号，用各种社交媒体账号玩游戏）等，这些都在吸引着受众的注意力。

利用能吸引人的新事物赢利

满足人们的需求比创造产品本身更重要，如果你想开始创业，就必须先找受众，不要一开始创业就急切地去寻找产品。把自己的注意力全部放在产品供应环节是一种老式的创业方式，因为在早些年，寻找产品销售渠道比较困难。如果最开始没有弄清楚自己的受众，你很有可能花钱买一大堆别人不想要的产品，最后只能当作垃圾处理。互联时代产品的更新速度很快，所以根本不用担心产品缺乏的问题，在创业之初，你需要把时间用在寻找合适的受众、自己能够提供的服务以及能够帮助他人解决的问题上面，同时也要以满足受众需求为基础建立自己的受众群。

为了吸引受众，你需要把自己的网站做得更好。"更好"的意思就是要比传统主流媒体和实体零售商更能满足受众的需求。市场上的受众数量是一定的，他们的注意力就那么多，最开始建立网站的目的是要吸引人，而不在于提供多好的内容。只要能吸引受众的注意力，不管你在网上卖土猪、卖拉链还是发布关于微生物学的内容，总是能赚到钱。你需要弄清楚怎样才能更好地服务自己的读者、听众，或是粉丝，怎么样才能建立一个专门为他们服务的平台。一旦你建立了自己的平台，就可以采用广告销售、在线销售或者用户订阅的多种营销方式来销售产品，只要受众感兴趣，产品就会有市场。

然后你就可以尝试着开始创业，在初期，由于你没有太多受众，即使犯些小错误也没关系，还可以趁机享受一下管理网站的乐趣，趁着有时间的时候将内容放在社交媒体上试水，测试一下网友的反应以及社交媒体传播方式是否有效。要想事业获得长远发展，在最开始的压力到来之前就要学会跟受众交朋友，这种创业初期的朋友关系往往有助于你事业的成功。用一种自在的方式跟受众交朋友，才有可能在事业发展过程中，帮助自己了解对受众来说，什么内容最重要，根据他们的反应和回答来决定为他们提供哪种类型的服务，以帮助自己赚更多的钱。但如果想后来者居上，可能会付出更昂贵的代价！在创业的路上，你会遇到越来越多的竞争者，很可能在发展的过程中，不得不支付昂贵的广告费打入市场。

创业从来都不迟

到现在为止，互联网已经快速发展了 15 年有余，如果有人告诉你，在某个领域还有未被开发的市场，你可能会认为他疯了吧？但事实是，自从我的第一本书《互联网富翁》自 2006 年出版到现在，互联网带来的利润有数千亿美元，甚至多到无法计算。YouTube、脸书、推特、Zynga 以及高朋都是近几年市场上突然出现的网站，而他们在几年之内就有了成千上万的用户（利润也有几十亿美元）。我列举的这几个例子都是名声在外的富有代表性的网站，除此之外，还有几千个，甚至几万个小规模网站也在最近几年得到了较大发展，他们中大部分营业额都达到了 6 位数、7 位数，甚至 8 位数之多。

甚至当你阅读本书时，在线广告、电子商务、跨国业务，尤其是移动互联网科技的发展又为你带来了新的创业机遇。互联网在美国已经发展了 20 多年，到现在为止，在线广告额仍然占据全美广告支出的 15%，而线下零售商的广告仅占 8%。你的在线业务很有可能会分到一部分这笔流向在线广告的几十亿美元的资金。

互联网的出现使人与人之间的交流跨越了时间、地点以及语言的障碍，让彼此能更简单地分享共同的爱好、追求、话题以及小受众群的活动。这些聚在一起的小群体为你提供了探索的机会，如果能够为他们搭建一个分享爱好，互相交流、互动的平台，那你就得到了一个这个小行业的市场。但是挑战在于，如何找到一个自己喜欢、受众需求还未被充分满足的市场，只有你非常喜欢这个市场，才能促使你投入自己的时间和精力。

我为什么喜欢小众市场

小众市场是你寻找潜在用户的最佳舞台，因为：

- 小众市场上的竞争相对较小，可以迅速吸引受众，快速走上致富之路。
- 受众对自己爱好的狂热度更高，这能为你省去不少广告费用。当受众发现你的网站能满足他的需求之后，自然会告诉其他跟自己有同样爱好的人。在互联网时代，这种口口相传的营销模式能帮你省下不少成本。
- 如果你能找到一个自己感兴趣的市场，就会更加享受自己的工作，这就是创建在线事业的意义所在。
- 小众市场是一个被忽视的市场。目前有很多商机的大市场已经趋于饱和，凡是能快速发展的大公司背后通常有丰厚的资本、长期的经验、强大的技术团队以及强大的人脉支持。你不需要去跟大公司竞争，而是要做自己喜欢的事业，从小做起，慢慢地将其打造为自己的在线事业。

小众市场的成功案例

不要对自己的兴趣不屑一顾，要知道，财富也来源于小众市场。在小众市场的分支中，仍然有很多可供挖掘的商业机会，市场需要你提供更专业的服务和产品。

图 18.1 展示了即使是法语文化这个小市场，也能细分为不同的分支，每个分支都有一定的市场潜力，最早发现这个市场的人最有可能成功。

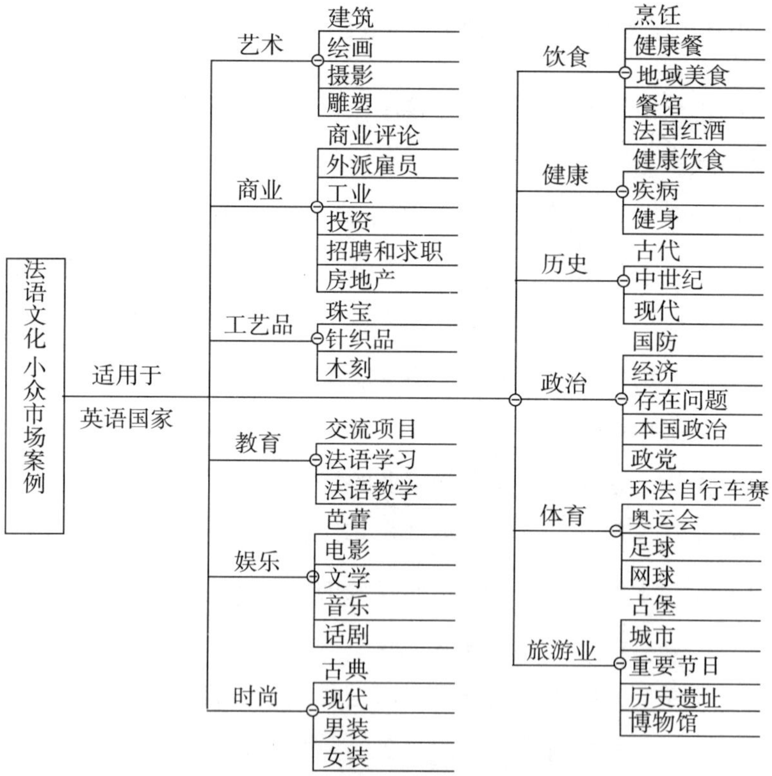

图 18.1　法语文化小众市场细分

以下列出的逐渐细分的小众市场案例，能够向你展示如何研究并开发你感兴趣的市场类型。

主要市场 >常见市场 >次要市场 >小众市场 >次要小众市场

- 健康行业 > 疾病治疗 > 糖尿病治疗 > 小儿糖尿病治疗 > 加拿大的小儿糖尿病治疗
- 航空航天行业 > 飞机 > 喷气式飞机 > 喷气式飞机航空展 > 喷气式飞机航空展员工
- 教育行业 > 高中 > 对外交换项目 > 针对俄罗斯的高中生对外交换项目
- 房地产行业 > 住宅房地产 > 租赁业地产投资 > 得克萨斯州的房地产租赁业 > 得克萨斯州沿海的房屋短租
- 运动 > 板球运动 > 巴基斯坦板球迷 > 居住在美国的巴基斯坦板球迷

自流量生活创业者的成功秘诀：赚钱要一步步来

创业开始就要采用能快速赚钱的方法，只有快速地赚到钱，你才能及早看到自己努力的回报，同时这笔钱也能帮你应对创业初期的开销。如果最开始规划事业的时候你就想在赚钱之前招揽10 万个用户，那你注定要失败。从另一方面来讲，赚钱也要一步步来，首先赚第一桶金，然后是第二桶金。一步一步地走，之后才能赚到更多钱，但是要牢记在做商业规划时，不要让自己承担太多的日常琐碎工作。

不要在一开始就给自己定下难以达到的目标，或是一开始就朝着自己的长期目标奋斗。不要把所有积蓄都投入创业中，只有赚到了钱，才有资本去实现自己长期的奋斗目标。

为了找到具有赢利潜质的小众市场（同时也为了能免去很多竞争），你可能需要一级一级往下探索，直到找到适合自己的小众市场。

赚钱不是唯一目的

当对未来市场进行评估时，不要把赚钱多少作为唯一的衡量目标，还要看它能给你带来什么样的生活。

当然，做生意赚钱的多少是首要衡量标准，但是不要忘了在第4章中我们提到过的职业规划清单，它就记录在你的自流量生活创业者的笔记本中。当对生活进行规划时，你完全可以将自己未来要实现的目标落实到每一天。

不管你的收益来源是产品销售还是广告，获得暂时性和长期收益永远都是你的目标。最理想的状态是，通过创造新的小众市场，你能够获得“阶梯性”收入，即不仅短期内能赚到钱，还能利用产品的追加销售从会员那儿获得额外的长期收益。

第19章 小众市场的识别方法

为了帮你找到适合你的可赢利的小众市场，享受你的自流量生活，接下来我会教你如何用自流量生活创业者的方法来判断一个市场是否是小众市场。请花时间仔细研究以下步骤，我相信你很快就能在规划自己事业的同时，积攒起能跟他人分享的独特经验和观点。看下面内容的时候一定要把笔记本拿出来，随时写下我列出问题的答案。

9 步找到适合自己的在线小众市场

我会教你用 9 步判断某个市场是否是小众市场（如图 19.1 所示），帮助你建立适合自己的自流量生活。

第 1 步：从“4P”中选择适合自己的产品

从个人兴趣（passion）、受众群体（people）、解决问题（problem）以及产品推荐（product）这 4 个方面选择一个作为核心来发展市场，建立自己的自流量生活。

以个人兴趣为核心的小众市场识别方法：如果你想把事业集中在自己的某项爱好、某种热爱的事物、帮助别人解决难题，或是集中在某个产业，首先你要了解自身的兴趣爱好和特长，是否有想从事的事业、想跟他人分享的信息，或者有某个领域的特殊技能，抑

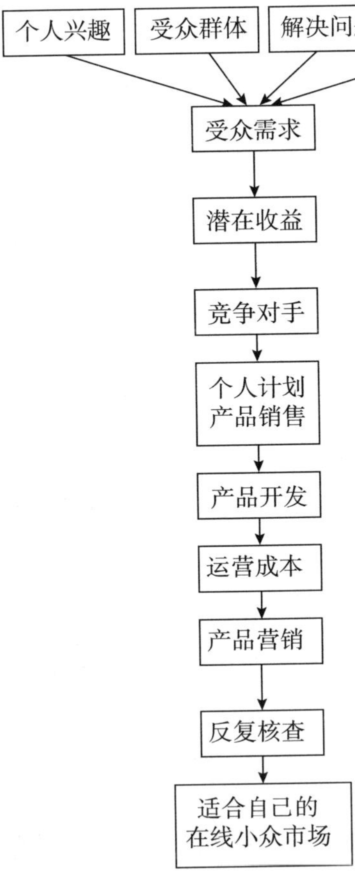

图 19.1　适用于自流量生活创业者的小众市场识别方法

或是否存在一种你认为值得推广的事业。

以受众群体为核心的小众市场识别方法：仔细想想你最愿意跟哪类人相处，经营一份为这类人服务的行业能让你有更多的时间跟他们交流。发现这类小众市场通常需要仔细审视个人背景，包括教育背景、家庭背景，或者自己的爱好。只要你有乐于跟他人分享的兴趣爱好，就可以将此作为事业发展的基础。所以，首先要弄清楚你最愿意给哪些人提供帮助。

以解决问题为核心的小众市场识别方法：想想自己每天的生活，有什么不如意的地方吗？还有哪些需求没有得到满足？只要有问题存在，就可以据此创立一份属于自己的事业，帮助遇到同类问题的其他人。首先要找到用户可能遇到的问题，之后再针对这些问题提供具体的解决办法。这其中的关键是：你提供的方法能使人们的生活更加便捷吗？

以产品为核心的小众市场识别方法：在你的工作和生活中，有哪些产品值得推荐给更多用户？受此启发，你或许可以制造出一个同类型的产品，或者是提供市面上已经存在的信息、服务和产品。

为了能做出更好的决定，不妨回头看看在做第 4 章头脑风暴练习时你写下的答案。参考这些答案以及你规划生活方式时列出的人生愿望清单，相信你很快就知道应该采用哪种商业模式。选择完商业模式之后，你就可以遵循以下步骤开始自己的自流量生活。

自流量生活创业者的成功秘诀：凭感觉去选择，不要左右衡量

花时间选择自己真正感兴趣的事业，不仅能得到金钱上的回报，还能让自己真正享受工作的乐趣。不要还没实践就去想结果会怎样，朝着自己的目标前进，同时让自己的事业更具创造性。本书之后会教你一些商业方法，让你不至于在最开始的时候就浪费宝贵的时间。

在你的笔记本上至少留出 10 张空白页，随时记下自己给出的关于“4P”问题的答案。

第 2 步：分析受众需求

选择好适合自己的小众市场之后，你接下来要做的就是分析这个市场上的受众需求。如何能最大限度地帮助自己的受众是首先要考虑的问题。就像我们在第 5 章中提到的自流量生活创业者的第 1 条成功法则，怎样帮助他人是事业成功的第一步。刚开始就要弄清楚自己的目标群体，哪些人跟你有同样的兴趣爱好，哪些人需要你的帮忙，怎样才能通过满足他们的需求赚钱？

第 3 步：发掘潜在利润

及时评估目标市场的规模和需求，以及消费者的购买力，判断目标受众是否愿意购买你提供的产品、信息或者服务。再回顾一下第 2 步中你列出的受众需求，受众会为你提供的建议埋单吗？如果愿意，那么市场上有可以直接卖出去的产品吗？如果有了自己的网站，会有广告商付钱在网站上推销产品吗？

第 4 步：分析竞争对手

要及时关注市场上跟你提供类似产品的网站，看看哪种信息传递方式最能吸引目标受众。不要只看自己的直接竞争对手，还要了解所售产品跟你的产品类似的卖家。他们主要卖什么？你喜欢他们的网站吗？网站是否还有提升空间？内容是不是足以满足受众的需求？在最开始创业的时候，不要做不必要的重复性工作，通过参考同类网站中最好的模式来开发自己的商业模式和商品。跟潜在竞争者相比，怎样才能脱颖而出，吸引更多的受众，让他们看你的博客、视频，买你的电子书呢？这才是创业初期要考虑的问题。

自流量生活创业者的成功秘诀：尊重对手，但不要害怕竞争

市场上存在竞争对手并不意味着你的事业一定会失败！不要因为惧怕竞争对手而止步不前，几乎每一个大规模市场都存在着至少3～5个竞争者。当然，最大的玩家通常会赚到最多的钱，但这并不意味着小公司就赚不到钱，如果真是如此，那它们为什么还能存在呢？即使你在市场上排行第二，甚至是第五，也能赚到很多钱，多到足以让你成为百万富翁，拥有自己的自流量生活。

第5步：分析产品传播以及分销方式

产品的传播方式对事业成功有很大影响，即使是同一种产品，传播方式不同，最后产生的效果也会不一样。比如，博客、播客和视频节目的受众群就不同，创业者要善于根据受众的需求来判断哪种传播方式更适合自己。以下是几种常见的内容传播方式：

- 博客。
- 在线论坛。
- 电邮。
- 播客。
- 在线视频。
- 网络研讨会。
- APP（手机软件）。

受众最喜欢的就是最好的传播方式，所以一定要弄清楚你的受众在哪方面花费的时间最多，以及他们更乐于通过什么方式获取信息。

第 6 步：研发产品或服务

在研发新产品或服务时，一定要将自己的市场调研、生活目标以及生产理念融入这个过程中来。哪种产品、服务或是市场理念能带给你赚钱的机会，同时还能够在日常生活中帮你实现人生目标？用自己的市场理念回答这个问题，测试这些策略能起到怎样的作用。将自己业务的重点放在为用户服务上，给用户提供解决问题的答案，确保你提供的是阿司匹林（必需品），而不是维生素（有了更好，没有也可以）。

第 7 步：分析运营以及生产成本

根据你已掌握的商业知识，回答以下几个问题：

- 在新事业上投入的时间和资金有多少？
- 经常产生的运营成本有哪些？
- 需要自己经常手动更新网站内容、营销手段以及产品本身吗？
- 如果使用自动化管理软件，网站上有多少内容可以实现自动管理和更新（是否符合自流量生活创业者的第 3 条成功法则）？
- 可以雇人帮忙吗？还是所有事情必须自己做（业务是否符合自流量生活创业者的第 4 条成功法则）？

- 你的在线业务能够保证受众尽可能多地贡献内容吗（是否符合自流量生活创业者的第 5 条成功法则）？
- 如果业务开始运行，本身能够不断扩展吗？还是需要你花点时间和金钱不时地进行管理（是否符合自流量生活创业者的第 6 条成功法则）？
- 业务增长会带动利润增加吗？还是会减少利润？

这些都是跟你的事业成败密切相关的问题，回答了这些问题之后你就能更好地将可赢利事业与白日梦区分开来。一般来说，我不建议创业者借钱创业，所以在创业初期就要做好预算，计算好成本和每天的运营开支，这对于决定你是否能够独立建立一份事业至关重要。

第 8 步：分析市场

不管做哪一种商业规划，最重要的部分都是用最低的成本联系到用户。幸运的是，互联网的存在使你跟用户之间的联系更为便捷，如果你能把产品做得很好，用户体验也很棒，他们就会通过社交网络告知自己的好友，这就帮你节省了很大一笔营销费用。所以你在做业务时，可以试着给用户提供免费的、值得分享的信息。这种营销策略有助于吸引用户，同时还能鼓励他们分享内容，达到免费宣传的目的。再者就是要多参考竞争对手的销售策略，找到他们营销中的漏洞，找到方法填补这个漏洞，达到将自己与他人区分开的目的，用低成本的方式联系到自己的用户。需要谨记的是，在当今的互联网时代，产品供应已不再是网络营销的重点，找到并培养用户才是商业活动的重中之重。

第 9 步：认真思考，自己做决定

你问用户需要什么，他们的回答很简单：更好的产品，而不会提出更明确的需求。

——亨利·福特（Henry Ford），福特公司创始人

你的目标是找到自己希望服务的用户，他们必须有很强的消费欲望和需求，然后根据这些需求做出产品，来满足他们尚未被满足的需求。通过满足他们的需求，你不仅能赚到钱，还能跟他们交流，享受自己的事业。但所有的分析都只是分析而已，而不一定符合你的个人情况，这些分析不一定能给你满意的答案。

既然你是自己事业的“老板”，那么作为老板你的第一个重大决定就是弄清楚自己的重点是什么。你需要平衡生活的各个方面，然后做出决定，首先要实现你新的商业生活中的哪一个目标。你的自流量生活一定要反映你的个人特色和个人目标，不能根据收益多少来决定先做什么，再做什么。

如果想打造一种自流量生活，你就要学会思考，做调研、算账，投入精力和时间去做自己喜欢的事情。如果希望在事业选择上获得帮助，可以登录 ClickMillionaires. com 网站，下载“适用于自流量生活创业者的小众市场识别方法”，内容有几十页，详细介绍了在做选择的过程中，每一步可能遇到的问题和解决方法，希望它能帮助你顺利找到适合你的创业模式和产品。

小众市场的运算法则：自流量生活创业者的赚钱公式

受众对产品感兴趣的程度比受众群体规模大小更为重要。即

使有很多受众，如果他们对产品的兴趣不大，就不会在这方面花费很多钱。相反，如果受众群体很小，但对产品有着浓厚的兴趣，你就能赚到钱，这就是受众参与度的问题，参与度的高低跟你的收益有直接关系，它能直观地反映受众是否愿意购买你的产品，是否会将你的产品告知自己的好友，是否会不时来看你的网站。

如果将我们提到的参与度用数学方程式的形式展示出来，应该是：

受众人数 × 每个受众带来的收益 = 你能获得的潜在收益

如果你有 10 万个参与度不太高的粉丝，每人每年可能为你带来 1 美元的收益，那你一年的收益就是 10 万美元。

如果受众的参与度不同，通过以下公式，一年你也能获得 10 万美元收益：

10 000 个中等参与度的受众 × 每人每年可能带来 10 美元的收益 = 一年 10 万美元收益

1 000 个参与度高的受众 × 每人每年可能带来 100 美元的收益 = 一年 10 万美元收益

100 个参与度非常高的受众 × 每人每年可能带来 1 000 美元的收益 = 一年 10 万美元收益

影响收益的两个关键因素是受众规模的大小以及参与度的高低。我之前在华尔街工作时，就对大数定律（The Law of Large Numbers）有一定了解，之后在我的第一本书《互联网富翁》中，我也提到了这个定律。我对它的解释是："任意一个小数与一个大数相乘，得到的结果还是大数。"银行赚钱用的就是这个定律，它们对每个客户的每一笔交易收取小笔手续费，交易多了之后，仅凭手续费，它们每年就能获得很大一笔利润。对自流量生活创业者来说，“大数”意味着要么吸引到更多的受众，要么就集中吸引参与度较高的受众。

如果你既能吸引大批受众，还能充分提高他们的参与度，那就能赚到很多钱，按照数学公式来计算的话就是：

10 000 个参与度非常高的受众 × 每人每年可能带来
1 000美元的收益 ＝ 一年 1 000 万美元收益

作为老板，你需要自己决定是在数量上获胜还是要提高受众的参与度，营销手段、产品类型、内容类别以及价格高低等因素都可以决定你吸引的受众人数和质量。

市场规模：要选择一个大市场，但着眼点越小越好

你已经对自流量生活创业者的赚钱公式有所了解，现在就可以将其运用到自己的事业上，评估目标市场的潜在效益。例如，销售减肥产品基本上都能赚到钱，因为这个市场不仅有很多受众（几乎每个人都有减肥意愿），受众的参与度也高（很大一批人愿意为此花钱）。在这个市场上，只要产品够好，收益一定会很丰厚。但不幸的是，由于这个市场有着巨大的发展潜力，所以即使这个大市场下面的细分市场，比如节食减肥市场，都存在着很大的竞争。你要做的就是避开大市场，着眼点要小，把重点放在竞争较小、但受众较多的市场上。

你要尽量选择一个自己能管理好的市场，在选择受众群时，我的建议是理想还是要有的，但是目标要够实际。的确，大市场机会

多，受众也多，这是它的诱惑所在，但现在很多大市场已经趋于饱和。如果你够明智的话，就会在“大玩家”还未发掘的市场或者是他们不屑于开发的市场上培养受众，获取利润。

当然，我知道你不想永远是市场上的一个小玩家。我经常说“找到一个小众市场”，很多年轻创业者在听了我的话之后就会去寻找小市场，结果发现那个市场太小，根本赚不到钱。他们担心新市场竞争激烈，怕浪费时间，或者是不自信而不敢去探索更大的市场，只窝在自己熟悉的小市场上，这样当然赚不到钱。同样，把自己固定在某个地区，或是把受众固定在某个区域也一样赚不到钱。就像是对房产交易感兴趣，却只关注某个小区的房子，或是将受众限于某一所小学的学生、某个教区的信众、来自同一所学校的毕业生或是有着极少数粉丝的运动队。

受众通常对适合自己的产品或者服务感兴趣，但由于创业者在最开始把自己的受众限制在了某个范围，其他受众根本无法进一步了解其产品和服务。如果你所关注的小区仅有 300 套房子，你所关注的小学仅有 500 个学生、你所关注的教区信众只有 500 人，你所关注的运动队只有 500 个粉丝，即使每一个人都买你的产品，总体市场也就这么大，不可能赚到更多钱。

我向你提供的目标市场能够让你将想法变为现实，但你也要提前想想如何才能扩大市场，吸引更多受众，从而能够产生更多交易，为广告商带来利润。随着业务的增长，你的产品的覆盖范围也在不停地延伸。比如说卖房人可以把业务扩大到其他区，可以顺带给业主推荐管道工、园艺师以及保险经纪人等业主感兴趣的人。如果你的网站提供学校和教堂新闻，就可以把目标对象扩展到其他的教堂和学校，你服务的运动队也不仅限于自己喜欢的队伍。

自流量生活创业者的成功秘诀：吸引最容易吸引到的受众

在吸引受众时，最容易吸引到的就是希望能保持持续互动的群体（比如有过线下互动的组织和论坛成员），由于地域的限制，他们不能在线下聚在一起。如果你能给他们提供一个交流的平台，或是提供他们需要的产品和服务，自然就能吸引受众。

专家通常不认同自流量生活创业者的成功模式

开始建立自己的自流量生活时，可能你会对这个选择有些犹豫。很正常，这就像怀疑论者经常会否定自己不了解的事物。

但是传统意义上成功的公司创业模式并不适合自流量生活创业者。商学院的教授通常不会将自流量生活创业者的成功模式作为自己上课的案例，因为这些创业者没有自己的员工，也就无所谓管理。他们通常对于“自流量生活”嗤之以鼻，忽略选择一种适合自己的生活方式才是人生中头等大事的事实。

你的任务就是不在意他们狭隘的思想，要知道，即使每个月只能赚到 1 000 美元也值得，因为你根本没有做太多工作，因为网络自动化管理，你每个月不用费太多精力就能拿到这么多钱。

互联网使你能够接触到世界各地的人，让你低成本地在网上传播信息、销售产品，所以在传统商业认为的小众市场上，即使你只有几个员工甚至没有员工，也能建立起自己的事业。

互联网能够让数十亿用户接触到你的事业，所以只要能将产品进行成功的组合，采用有效的营销手段，即使只有小部分用户，你也能成为一名百万富翁。

自流量生活创业者的成功秘诀：不是只有“天才想法”才能赚钱

不是只有拥有“天才想法”才能利用互联网赚钱，媒体夸大了马克·扎克伯格（Mark Zuckerberg）和史蒂夫·乔布斯（Steve Jobs）的能力，对他们进行了一定程度的美化，很多事业并不是起于一个新的观点，而是将前人的想法加以完善。比如，脸书并不是一个原创的想法，在那之前，人们也乐于进行线上交流。脸书的成功基于之前出现的在线论坛、邮件发送平台以及相关的社交网站，它只是运用新的工具和交流手段更好地满足了网友的线上交流需求。谷歌也不是第一个出现的搜索引擎，跟之前出现的众多搜索引擎相比，它只是更好地满足了用户的需求。

你或许迫不及待地想拥有一个能让全世界为之臣服的想法，但我建议你不要想着现在就行动，要等到机会成熟的时候再开始行动。我更愿意看到你起步的时候能在小众市场上如鱼得水，而不是用尽全力将时间浪费在竞争激烈的大市场上。你要在最开始建立一项中等规模的事业，为以后的成功奠定基石，而不是在最开始就定下征服世界的目标。如果一开始就投入太多精力和时间，你可能还没成功就已经耗光了自己的资本、时间和耐心。实际上，大多数成功的事业都基于持续的努力和为用户提供令人满意的服务，而不是在最开始就做出了天才之举。

你提供给用户的独特服务和你的目标

在识别小众市场的过程中，首要的一点就是要想获得成功，就要把重心放在为人民服务上。我们可以一起头脑风暴、分析市场竞争形势、算清得失，但弄清用户的需求是关键。帮助他人减轻负担、赚更多钱、让他们自我感觉良好、更好地享受生活，这些都是能获得成功的策略。为了强调目标和服务的重要性，我很乐意将自己对于“USP”（Unique Selling Proposition，独特的销售主张）的理解讲给你听。

在商业领域，跟怎样卖东西相比，我更希望你能明确你的目标和所能提供的独特服务。怎样才能为他人提供他们需要的服务？你的服务目标是什么？你想要跟这个世界分享的是什么？怎样才能将别人的需求整合在一起，为他们提供一项真正的服务，不仅能够帮助他人，自己还能赚到钱，同时也对这个社会产生一定的影响？针对这些问题，我们之前做过相关测试，这就是本书想要帮你探索的问题。

不管你是在头脑中还是在行动上回答了这些问题，只有你回答了，我以及我的在线社区会员们才能对你有所帮助。你需要在事业上付出一些行动，不要把时间浪费在看电视、每日叫嚣着减肥以及赚钱上面。你下一步的计划是什么？怎样做才能成为理想中的那个人？人生只有一次，从来没有彩排，你要怎样利用剩下的时间呢？

第20章 创业前做好用户需求调研

明天的计划再完美，都比不上一个今天就实施的方案。

——乔治·巴顿（George Patton）

本书旨在确保你的产品或服务不仅能满足广大客户的需求，还能帮助你赚到钱。希望前几章的内容不仅帮你想出了创业的好点子，没有浪费宝贵的时间，还能让你开发出对用户来说有价值、愿意花钱来买的产品、服务或系统。为了验证你发现的用户需求，本章会教你用一些低成本的检测方法，在真实的用户群中测试自己的产品，同时在你还没投入太多的阶段帮你做一个简单的财务分析，确保你没有在无用的事业上浪费太多的时间和财力。

下面列出的是比较常见的信息收集方法，有效地收集信息能够帮助你提升产品质量、提高收益。尤其是在刚开始创业的时候，从实际受众那里得到的反馈比一直埋头做产品要有用得多。网上的内容和产品每天都在更新，测试工具随处可见，你建立一家网站或者发布一个新品，测试之后发现并无发展前景，这很常见，并不丢脸。互联网软件产业的发展就经常会有这种情况，新推出的软件都会经过“贝塔测试”（beta tests）。谷歌经常使用这种测试方法，当然你也可以用。

新经营理念的测试策略

以下是几种低成本的快速测试方法，能够帮助你检验自己的想法是否可行。

- 与潜在用户对话。在测试自己的想法或是产品时，不要询问朋友和家人的意见，他们爱你，不太会给出真实的意见，只会跟你说你想听到的内容。相反，要向潜在用户甚至竞争者征求意见。例如，你可以去他们经常访问的论坛逛逛，打几个电话询问需求，适时推荐一下自己的解决方案，如果你态度礼貌、语气友好，大多数人都愿意简单回答几个问题。
- 发起在线调查或网络投票。使用 Vizu. com 等免费的网络投票工具，把自己的产品或网站放上去让网友投票，或是利用 SurveyMonkry. com 制作快速调查问卷，让朋友、家人以及同事等帮忙传播。甚至你可以拿出部分预算，用点击付费广告来测试用户的参与度，增加用户反馈。社交媒体比如脸书、推特、谷歌 + 等也是非常好的网络调查平台，它们能够让你的测试结果更为客观，因为上面的大多数调查结果都来自你不认识的人，客观的意见和建议对于业务发展更为有用。
- 在线搜索关键词。谷歌的免费广告关键词工具（Google AdWords）是一种有效的测试工具。只要在软件中输入你建立的网站或者销售的产品的关键词，谷歌就会告诉你每天有多少网友用谷歌的搜索引擎搜过这个关键词。比如你销售的产品是床垫，在使用这个工具时，就可以输入“床垫”“弹簧床垫”等关键词，之后谷歌就会显示每个月全世界和本地此类关键词搜索的数量。

鉴于床垫本来就是一个常见的商品，搜索量大也不足为奇。举这个例子是要告诉你，你也可以采用同样的方式搜索自己产品的关键词，每个月的搜索量达到上千次才能说明这个产品有很大市场，查询到的搜索量可以用于网站设计环节，优化网站内容，帮助你吸引更多的受众和流量。

上 www. GoogleKeywordsTool. com 网站，就可以找到包括谷歌关键词工具在内的多种非常有用的测试资源。

- 测试产品在点击付费广告市场的潜力。如果你希望新事业能通过用户点击放在页面上的广告来赚钱，你肯定想了解你所在行业的广告商愿意在点击付费方面花多少钱。谷歌的关键词工具也可以在这个环节使用，但这一次你的身份是广告商，注册之后，按照我将在第 22 章中讲到的具体步骤来操作，就能够了解你所在行业的点击付费广告的价值。
- 收集网页页面设计反馈。网站页面做好之后，如果能从用户那儿得到反馈就再好不过了。或许你觉得自己的网站使用起来很简单，但对于非业内人士，他们可能会觉得页面内容过于分散，下面有几种方式可以帮助你收集用户反馈：

  Usertresting. com、UsabilityHub. com、FiveSecondTest. com 以及 Usabilla. com 等网站都可以帮你做测试，收集在线用户的反馈。他们能在短时间内召集一大批人来做测试，这种收集用户反馈的成本较低。

Unbounce. com 网站会帮助用户优化登录页面。它会将设计不同的登录页面放在网上，看哪种形式能获得最高的点击量，还有时能将浏览的用户转换成真正的付费用户。

ExpertWebSiteReviews. com 是我自己创建的一家测试网站，主要帮助用户测评他们的网站设计，结果会以视频形式呈现出来。在你提交了测试申请之后，我就会对网站的设计、使用性能、搜索引擎优化、页面布局以及产品销售策略等内容进行测评，将测评结果做成一个视频。我的收费不高，并且针对性较强，肯定会对你有所帮助。迄今为止，我已经收到了很多订单，也曾帮助过很多人测试他们的网站。

如你所见，在互联网时代，收集用户反馈就是这么简单！

自流量生活创业者的成功秘诀：内容越简单越好

最好的商业理念通常都很简单：即不管是内容还是形式，都越简单越好，让用户对内容一目了然，让听到的人在听到的那一瞬间就感觉“灵光一现”。不要对自己的事业操之过急，用户只有在最开始创业阶段弄明白了你要做什么，以及能给他们带来哪些好处，才会进一步关注你的事业。

预估收益

现在到了要计算收益的阶段了，你要从财务上对比自己的各种创业想法，看哪种想法能为你带来最大的效益。即使你数学不好，或者讨厌跟数字打交道，这一步都不能免，因为赢利是创业的目的，创业者在创业之初都要做到心中有数。一个有理有据的估值远比心里毫无底气要好得多。

我们可以用 19 章中讲到的自流量生活创业者的成功公式来预估潜在收益。

受众人数 × 每个受众带来的收益 = 你能获得的潜在收益

下面是具体计算公式，请填空，这种方法能帮你快速预估自己能获得的收益。

预估第一年收益：

__________ × ______________ = ________________________

（受众人数）（每个受众带来的收益）　（潜在收益）

除了受众带来的点击付费收益之外，不要忘了订阅用户带来的那部分收益（自流量生活创业者的第 7 条成功法则）！

以上是第一年的收益，第二年的收益要再加上受众人数的增加、产品和服务带来的延伸费用、产品更新的收益，追加销售以及事业规模扩大带来的订阅量增加的收益。

预估第二年收益：

__________ × ______________ = ________________________

（受众人数）（每个人带来的收益 + 产品种类增加带来的收益）（潜在收益）

这些收益并不会突然增加，你要根据现实情况进行规划，以便准确预估第二年收益。

第三年，理想的状况是，你的受众人数有所增加，他们的参与度也有所提高，同时你的产品逐渐多样化，广告收入也增加不少，如此一来，第三年的收入公式如下：

预估第三年收益：

__________ × ______________ = ________________________

（受众人数）（每个人带来的收益 + 产品种类增加带来的收益）（潜在收益）

预估收益有什么用

这些现实而又具体的数字可以帮助你对产品和商业模式进行比较，更好地选择适合自己的产品。比如你乐观地估计创业伊始你的受众有 1 000 人，但他们都是小气鬼，每年最多愿意花费 1 美元来买你的产品或是服务（或是只能为你带来 1 美元的点击付费收益），那么你每年只能收入 1 000 美元。如果你有很明确的第二年或者第三年的商业计划，那么第一年 1 000 美元的收益相对来说还能忍受。但是如果没有，那你的事业注定要失败，或只是一个兴趣而已。如果你一定要打造可赢利的自流量生活，那就需要对你的市场定位、产品或者是营销策略做出调整。

如你所见，在预估收益时，受众参与度是一个重要的衡量指标。所以不要把时间都花在想办法赚钱上，而是要更多地关注自己的事业规划，进行市场调研、产品更新及销售策划，在这些方面开发制胜策略不仅能帮你赚到钱，还能成就一番事业。

建立商业组合，使收入来源多样化

自己当老板最主要的一个好处就是可以按照自己的商业理念发展事业。有独立的想法是好事，如果你只是一个雇员，公司不会乐意看到你有那么多个人想法，因为他们更想让你集中精力做某一件事。但作为一名自流量生活创业者，你脑子里需要有大量的商业想法，多样化才能为你带来收益，让事业更有趣。另外，你可以将多种事业都建立在个人兴趣上，如此一来，当你的一整套商业组合同时运作时，你也不会感到忙碌和枯燥。

这就是自流量生活创业者的工作方式，探索多个小众市场，坚持长期管理每一个市场，直到建立一个完全服务这个市场的商业体系。赚钱要一步一步来，一旦你能够依靠自动化管理模式以及服务外包等方式将收益持续化，就可以进一步发展自己的事业。在继续探索新事业的过程中，你可能需要再次看一下自己之前的事业，不时地进行调整，以增强其赢利能力。

不管做哪一项业务，都可以采用这种方法。要给自己设定一个时间期限，以便处理不同的业务。比如：“我要用3个月的时间做一个关于如何收集蝴蝶标本的网站，接下来的一周要维护自己建立的关于大众汽车配件的在线论坛，3月份准备用3个星期的时间来开一个如何做意大利菜的博客。”

风险投资者的成功秘诀

商业组合投资听起来很冒险，但这正是风险投资者赚钱的方式。他们会把资金投给很多家创业公司，但从不期望每一家公司最后都能获得成功（你也不应该有这种想法），但是一旦有一家公司成功，他们赚到的钱不仅能够弥补其他投资失败的损失，还能大量赢利。

我不知道你现在是否有足够的钱来模仿这种投资方式，但是我确定的是你有时间，可以享受低成本的在线创业模式。所以如果你能将时间和精力投入5~10种不同的行业，完全可以增加成功的机会。我自己也在这样做，同时管理着不同主题的多家网站，每家网站发展的程度都有所不同。有些网站已经不需要我具体操作，也不需要管理，但利润较少，只能靠用户点击付费广告赚钱。有些网站还在探索中，说不定哪天就垮掉了，但是也有一些网站的月利润能达到上千美元。所有的业务加在一起，时间长了之后就是我自己的商业组合，它不仅吸引人，还很有趣，能在全世界范围内帮助很多人解决问题，而我也不需要做太多工作。

我相信你也可以做到！我知道，下一个成功的人就是你！

追随自己内心的召唤

在日常生活中，你能经常感受到自己内心的召唤吗？有某个你觉得一定要与他人分享的信息或是产品吗？如果有，那就让所谓的商业分析和策略都退后吧。实际上，所有由内心产生的想法远远比完全用头脑分析出来的理念更有可能获得成功。你可能会问，我支持你追随自己内心的召唤吗？答案是“当然”！

我知道任何的数据分析都不能量化你内心的召唤，或者让你违背自己的意愿。

追随内心召唤的想法很疯狂，有点不现实，但是在如今低成本、传播广泛的互联网信息时代，任何信息都能在网上得到传播，如果你用心去做，一定能获得成功。

第六部分

赢利的自流量生活应具备的基本要素

第21章 简单的内容发布策略

不管你的事业是以产品销售为主，还是通过读者点击付费广告赚钱，最重要的一点就是要提供有价值的信息和内容来吸引读者。高质量的原创内容始终都是将你与其他网站区分开来的最好方式。如果你喜欢，就尽可能地多写（也可以通过播客、视频等其他方式发布）内容，并且如果你的事业基于个人爱好，那就连市场调研都可以省掉。但如果是你不太熟悉的领域，那就要提前做好功课，通过订阅免费电邮、浏览博客或参与在线产业论坛等方式了解相关内容，具体方式请参考本书第 7 章。

原创内容写什么

对于刚起步的内容发布者来说，能给读者提供原创内容是一个很大的优势，但这也是一件费心费力的工作。发布原创内容的前提是你喜欢写东西，并且读者也喜欢你的原创内容。如果不能保证这一点，我建议你还是把重点放在提供免费内容上。免费内容是指引用的内容、网站链接，或是改写的内容，发布免费内容比自己写高质量的原创内容要省力得多。尤其是当你对选择的行业或话题内容并不熟悉时，这种借用内容的方式会带给你很多便利。实际上，大多数成功的自流量生活创业者最开始采用的都是这种模式，他们会从知名博主或者公司网站转载内容，将其总结概括，或是稍做修改之后发布。如果你的目标群体比较明确，那么即使是行业内某家公司的新闻都能带给用户极其重要的信息。

在当今社会，没有人会浪费时间阅读网上的每一条信息，所以你要学会过滤信息，即把每天、每周或者每个月的重要信息总结，呈现在读者面前，让他们在很短的时间内了解这一天、这一周，抑或这个月发生的重要事件。

选择好市场，确定这个市场有大批受众之后，你就可以着手撰写原创内容，发布、拍摄原创视频了，同时也可以委托自由职业者帮你撰写原创内容，增加内容的丰富性。

教你在4周内完成内容发布

成为一名在线内容发布者比你想象的要容易得多。一般来说，网友的注意力不会长久地集中在某一个内容上，所以不管你发布的内容是文章还是视频，都不要太长或者过于详细。现在大部分读者都倾向于阅读短篇的内容和文章（方便手机阅读），接下来我会教你做一个内容发布计划，让你学会如何以一周为单位，在线发布令人感兴趣的内容，吸引读者。这个方法适用于每一种内容发布方式，不管是博客、电邮、播客还是视频。

第1周发布的内容

- 本周网上比较受欢迎的跟本行业有关的3篇文章标题或是文章链接。
- 本周业内大公司最有趣的两篇新闻通稿的标题和链接。

- 问读者一个问题，请他们说说对这个问题的看法。
- 3 条业内公司高管人事变动的信息。
- 给读者讲一个笑话。

第 2 周发布的内容

- 本周网上比较受欢迎的跟本行业有关的 3 篇文章标题或是文章链接。
- 本周业内大公司最有趣的两篇新闻通稿的标题和链接。
- 针对上周提出的问题，挑出最好的读者回复进行展示。
- 发布业内“专家”的问题回复。
- 最近业内会议的现场照片（照片里出现的人物名字和头衔都要写上）。
- 一个搞笑视频的链接。

第 3 周发布的内容

- 本周网上比较受欢迎的跟本行业有关的 3 篇文章标题或是文章链接。
- 本周业内大公司最有趣的两篇新闻通稿的标题和链接。
- 对最近召开的行业会议的回顾。
- 发起一个关于行业问题的投票。
- 列出行业内的招聘信息。
- 接下来一个月内过生日的业内公司高管以及他们的照片。

第 4 周发布的内容

- 本周网上比较受欢迎的跟本行业有关的 3 篇文章标题或是文

章链接。

- 本周业内大公司最有趣的两篇新闻通稿的标题和链接。
- 来自华盛顿的最新消息版块：内容是美国政治人士变动对本行业的影响，附上文章的链接。
- 最近举行的行业晚会或者是慈善晚宴的照片（照片里出现的人物名字和头衔都要写上）。
- 提出一个小问题（最好为提供精彩答案的读者准备奖品）。

看懂整个发布过程了吗？对你的读者来说，本行业内的信息非常重要，但是大多数信息都分散在网上，隐藏在众多的信息之中，读者没有时间去寻找和总结。在线内容发布者的工作就是在筛选和过滤之后，把所有的内容组合在一起，打包发送给读者。任何一个行业的从业者都乐于享受这种打包服务，尤其是如果你提供的照片中有他们最喜欢或是崇拜的公司高管。如果将这种发布策略应用于某一个你感兴趣的行业，我敢打赌即使你之前一点儿行业经验都没有，也能在短短的几个月内成为业内的“专家”。“专家”的可信度会提升你作为一名在线内部发布者的声望，再加上广告收入以及其他的演讲邀请、咨询费用等，你就能获得不菲的收入。

内容发布的日常操作步骤

在线内容发布者的日常工作是为读者收集和发布信息。根据主题以及目标市场的不同，你需要经常收听播客、逛逛在线论坛或者在脸书、推特、谷歌+以及电子邮件中寻找与自己所发布内容相关的话题和故事。之后你就可以将自己写的故事以及收集到的内容链接放在网站上，如果想让工作变得更轻松，甚至可以在网上找一个自由职业者帮你做此类工作，然后利用自流量生活创业者的赢利模式管理网站，每天无须做太多的工作就能轻松赚钱。

当然，采用这种方式最开始可能赚得很少，之后才能逐步提高盈利。尤其是当你选择点击广告付费这一赢利模式时，就需要在发布内容之后跟读者互动，回复他们的评论，鼓励他们多分享你提供的内容，因为这能帮助你赚口碑，赢得更多读者。吸引到的读者越多，页面上广告的点击率就越高，点击率越高，你就能赚到越多钱。

第22章 在线广告的奥秘

如果你正在阅读本书，你肯定对网购不陌生。现在你要把自己放在卖家的位置，认真考虑这个问题：如何从网站访客那儿赚钱？

如何 “卖广告”

电子商务的运营模式是：卖家把要卖的产品放在网站上，访客如果对卖家的产品感兴趣，就会点击，系统会将产品添加到购物车里，买家输入自己的银行卡信息之后就会完成购买，买家收到商品后，钱也自动转移到卖家的账户，这就是在线交易的过程。

很多人都对这种交易方式比较熟悉，但令他们困惑的是如何通过在线广告赚钱。

在线广告怎样赚钱

过去的广告赚钱模式是在你有了大批受众之后，才能通过在线广告赚钱，但现在的情况不一样了。当前，任何人都可以在网上发布内容并通过在线广告赚钱，只要将广告代码放到网站上就行。通过广告付费模式赚到的钱听起来可能不多，但是要知道访客通过点击付费广告带来的流量也能转化为实在的钱。每个月单是通过付费广告，我就能赚到不少钱，赚到的钱能自动打进我的银行账户。

在广告行业，在线广告费的增长速度最快。尽管在线广告费已经连续好几年保持两位数的增长，但美国总体的在线广告费每年只有 300 亿美元，仅占全美广告业的 15% 多一点。全球在线广告费每年的增长速度稳定在 15% ~16%，每年费用很快将超过 1 000 亿美元。

想想吧，这些数字是不是很符合你的预期？你有没有意识到最近几年的在线广告费甚至已经高于这个数字了？除此之外，移动互联网的广告费也在逐渐增加。可以确定的一点是：不管在哪个小众市场，你都能通过互联网广告获得收益。

如何找到广告和赞助商

在线广告有 4 种赢利模式，如图 22.1 所示。

点击付费广告模式——联合营销广告模式——用户赞助广告模式——个人产品广告模式

→

赚钱方式最简单
赚钱较少

赚钱方式最难
赚钱最多

图 22.1　在线广告的 4 种赢利模式

1. 点击付费广告模式。谷歌的 AdSense 是点击付费广告模式的一个好工具，利用这个工具能通过访客点击付费广告自动产生收益。你只需要免费注册一个谷歌账号，再在网页上粘贴一个代码就可以赚钱。谷歌的后台系统会自动检测你的网站内容和关键词，以此来判断你的网站适合放哪类广告。除了谷歌的 AdSense 之外，其他的免费广告工具还有 adBrite、Word Ads 等，它们的后台也会帮你选择合适的广告内容。当广告放上去之后，访客每点击一次，你就会产生一定的收益。自流量生活创业者通常对这种赚钱模式很满意，因为他们在落得清闲的同时，还能赚到很多钱。但这种广告模式通常只适用于网站页面，并不适用于视频、播客或者电邮等其他传递方式（大部分网络服务提供商以及邮件系统会自动拦截含此类代码的内容，认为这是病毒邮件），这就意味着很多在线内容发布者不能采用点击付费广告模式赚钱，他们更多还是依靠其他几种模式赚钱。

2. 联合营销广告模式。联合营销广告模式的赚钱方式跟点击付费广告模式基本一致，也是将需要做广告的公司提供的代码内嵌在你的网站上。但不一样的是，访客不仅要点广告，还要购买广告商品，之后你才可以从这笔交易中收取一定的费用，有的是产品价格的百分比，有的佣金比较固定，即每笔交易都收取同等的费用。如果访客购买了一个高价产品，那你就可以获取不菲的收益。这种广告模式的关键在于找到一种目标受众比较明确的产品，使访客看了之后就有购买的欲望。

同时你也可以登录中介网站，比如 Commission Junction，LinkShare 或者是 Share ASale 等，从万千的网站中选择适合自己的项目，还可以申请参与公司的联合营销项目。下面是几个比较好的有关联合营销项目的公司和网站：

- Amazon Associates，网址是 www. affiliate-program. amazon. com。亚马逊的商品多、发货速度快，并提供很多在线联合营销项目，所以你最开始做的时候，可以先从亚马逊开始。上面的产品很多，你一定能找到适合自己的项目。但我一直对其没有太大兴趣，因为能赚到的佣金较少，并且有些项目在美国好几个州都不能实施。

- Site Build It，网址是 www. JoiSBI. com，这是我比较喜欢的一家联合营销项目网站。它提供的产品是一整套网站建立教程，包括教用户如何使用网站开发工具、如何进行搜索引擎优化，同时还提供培训课程和很多免费的工具。它有一个自己的在线论坛，上面有很多对你有帮助的课程，保证你能赚到钱。如果做联合项目营销，这是我力推的一家网站。
- Click Millionaires Affiliates Program，这是我自己提供的一个联合营销项目，网址是 www. ClickMillionairesAffiliates. com。加入这个项目，参与我的产品和服务营销，你不仅能赚到钱，还能为慈善事业做贡献。在该网站，通过帮助别人打造自流量生活，你也能赚到钱。

在我的自流量生活创业者论坛上，联合营销始终都是热门话题。如果你想了解更多内容，可以点击查看，找到哪些产品适用于你的受众，看一下具有竞争力的产品和服务的测评，学习如何通过联合项目提高销售额。

3. 用户赞助广告模式。如果你能辨别出哪些公司的产品适用于自己的受众，就可以向这些公司申请对你的网站或是相关活动进行赞助。

如果你的网站或是产品比较小众，地域性较强，那即使你只有小批受众，也会有卖家愿意赞助你从而接触这批受众。例如，几乎每一个行业都有自己特定的保险公司，类似的会议策划方案、专用的书籍、特定的旅行社、专用的银行、律师、供货商或者是针对这个行业的杂志。如果你的网站内容跟私人健身教练有关，那你就可以找本地的健身中心或是健身用品供应商寻求赞助；跟冒险有关的网站可以找保险公司寻求赞助；跟园艺有关的网站可以找本地的苗圃公司寻求赞助。

如果你还没有太多受众，公司一般不会直接付钱给你。所以刚开始的时候，你可以免费帮它们做一段时间的宣传或是通过举办活动、发放优惠券等方式帮它们宣传。

4. 个人产品广告模式。随着事业的发展，你逐渐学到了很多专业知识。利用这些专业知识，你可以向用户提供个人定制的产品。通过销售个人提供的产品，你能获得很多利润。或许你不太想给受众留下一种推销的感觉，但是销售个人定制产品的收益真的很高。卖掉一款契合用户需求的电子产品和服务，能轻易赚到至少100美元。如果你能通过销售个人定制产品获得利润，那么不管是AdSense广告工具，还是联合营销，抑或广告商的赞助，你可能都会不屑一顾，因为它们带来的利润都没这种方式高（关于生产可下载的信息型产品的内容请参考本书第14章）。

想利用在线广告赚钱，要充分了解受众的喜好和需求。广告越迎合他们的需求，你就越能赚到钱。

自流量生活创业者的成功秘诀：事业刚开始时就要把广告放上去

如果你不想让自己的受众厌烦页面上突然出现的广告，那在一开始设计网页、成立网站的时候就要把广告挂上去。你要让他们从一开始就习惯于页面上出现广告，而不是在后来用了一段时间，再去慢慢接受，这种方式也能让你在一开始就吸引广告商的注意。

点击付费广告模式能带来多少收益

用户在线搜索需要的产品或者服务时，一般会输入关键词，这几个关键词就是你在设计网站时需要着重突出的内容，同时也是AdSence广告工具在帮你选择合适的广告内容时的重要参考，因此选择关键词很重要。如果你的网站内容主要跟柳制家具有关，那谷歌就会自动将你的网站归到那一类，如果使用了AdSence广告工具，它就会自动将跟柳制家具有关的公司广告放到你的页面上。

如果你想快速预估通过点击付费广告能赚多少钱，可以先以一个用户的身份尝试。假装自己是用户，写下在搜索跟自己网站内容相关的内容时，一般会提出哪些问题。从这些问题中将重要的名词和短语提炼出来，而提炼出来的内容就是你网站的关键词。下面是几个案例：

- 问题是“如何修理搅拌机”，关键词就是：搅拌机、修理。
- 问题是“在哪儿能买到飞夏威夷的便宜机票”，关键词就是：夏威夷、便宜、机票。
- 问题是“昨晚湖人队比赛的比分是多少”，关键词就是：湖人、比赛、比分。
- 问题是“如何把浣熊赶出自家花园”，关键词就是：浣熊、花园。

这些都是比较简单的关键词分析案例，专业人士在对关键词进行分析时，采用的方法很多，过程也会更加复杂，举这些简单案例只是为了让你对关键词有一个大致了解。

决定好关键词之后，下一步你要做的就是用谷歌的预估流量工具进行关键词搜索。在“预估流量”处输入关键词，点击“预估”键，之后谷歌的后台服务器就会显示广告商愿意为此类广告付多少钱。谷歌会将这部分钱的 51% 给你，自己留下 49% 。如果你输入的关键词是“底特律水管工”，显示广告商愿意为每点击一次支付 3. 67 美元，那访客每点击一下，你的收益就是大约 1. 87 美元。如果你的网站每个月有 1 000 名访客，那你每个月的广告点击付费收益就是 1 871 美元。

这难道不是一种很赞的搜索工具吗？也是一种很简单的赚钱方式吧？并且最棒的在于这些在线工具全部免费！

自流量生活创业者的成功秘诀：利用众筹网站 Kickstarter. com

其实我很反对把赚钱作为事业的终极目标，因为这个目标可能会使你不能完全控制自己事业的发展方向，也容易使你偏离自己的创业初衷，一味地去迎合投资人的需求（而他们的需求也是多种多样的，互不相同且难以满足）。

市场上现在出现了一种非常流行的集资方式——众筹。Kickstarter. com 就是一个比较受欢迎的众筹平台。当你想做一个项目的时候，就可以在这个平台上融资，对你项目感兴趣的人就会资助你完成这个项目。只要你把自己想要做的项目以及自己的想法放在 Kickstarter 网站上，感兴趣的投资人就会给予支持。

最开始的时候，Kickstarter 主要服务于音乐、电影、艺术、科技、设计、餐饮以及出版等创造性比较强的行业，但如果你的产品在这个平台上被认为很有创意，值得赞助，那你就有可能获得成千上万人的支持和帮助。

如果想在Kickstarter这个平台上集资，你首先要展示出你的项目和想法，注明截止到哪一天，你想要获得的融资总额。如果到了那一天，你的确融到了这么多钱，平台就会从注资人的账户里扣掉他们愿意出的钱，之后将这笔钱转移到你的账户，作为你的创业资本。

我很喜欢这种集资方式，因为它不仅能实现群体集资，还能使你自己充分掌控项目的主动权。

下面是两个成功的众筹案例：

- 第一个案例是“底特律需要一个机械战警”：这个项目的发起者认为1987年的动作电影《机械战警》（*Robocop*）很真实，看起来也很棒，所以就想在故事设定的背景城市——底特律——竖起一个机械战警的雕像。他的目标是集资5万美元，但最后一共集资了6万多美元，共有约3 000个出资人，我也捐款了，因为底特律是我的家乡。据我所知，目前这个大雕像正在制作中。
- 第二个案例是“A型笔：一支小型笔”：住在布鲁克林的设计师王哲伟（Che-Wei Wang）以及泰勒·列维（Taylor Levy）喜欢各种各样的笔，他们俩设计了一款高科技的笔，很坚固、个头也小。他们把设计原型放在了网上，希望能集资2 500美元，促使他们进一步的研发工作，你猜怎么着？最后他们的集资额超过了28万美元。

当然，并不是每一个Kickstarter上的项目都能成功，但这个平台开创了另一种商业模式，即“先有想法，再建事业”，这也是我极力推荐的自流量生活创业者的成功秘诀。

第七部分

自流量生活创业者的经验

第23章 怎样选择最适合你的自流量生活

想象一下，现在有成千上万的创业者希望得到你的指点、了解你的信息、向你学习或是想从你这儿得到灵感，这种感觉怎么样呢？每天有成千上万的人都在等你起床，购买你的信息或者服务，这种感觉又怎么样呢？尽管这听起来有些不切实际，但的确可能实现。

关键在于要解决这个问题：你能带给用户和追随者什么东西？能给他们提供什么信息？截至目前，我们在本书中讨论过的创业途径主要有以下几种：

- 给志同道合的人提供自己感兴趣的领域的信息或是满足其需求。
- 以你现在的工作为基础，给需要的人传递你所在行业的专业知识，或学习一项新技能，使自己成为这个行业的专家。
- 提供可供下载的信息型产品。
- 销售、测评、归纳以及筛选其他公司的产品和信息，将最精炼、最核心的信息和产品传递给用户。
- 做自由职业或者做一名在线虚拟助理。

因人而异，每个自流量生活创业者的成功之路都不同。我知道有的独立创业者，他们在最开始就很幸运，一边做自己喜欢并且擅长的事情，一边把自己不喜欢的事外包出去，让其他人帮忙做。这听起来很简单，但恰恰也是创业最基本的原则：一定要做自己喜欢、享受并擅长的工作，你会做得更好。做得好，才能继续下去。如果为了赚钱而做自己不喜欢、不理解甚至不太懂的工作，最终只会失望，还可能导致事业的失败（尤其是当你由于照顾家庭和孩子，没有太多时间来处理业务时）。只做自己喜欢的工作，听起来的确很任性，但如果不这样，你就只是在做另一种自己不喜欢的工作，我知道这一定不是你想达到的目标！

自流量生活创业者的的商业模式清单

你现在可能已经想好要做某项事业，那接下来我们就要对你的想法或是规划做一下评估，即通过表 24.1 列出的几个因素，对其进行打分。很少有事业能经得起这样的检验，但如果你的想法能得到高分，那就说明它值得你花费时间和精力。根据我列出的几个因素，对你的规划从 1 到 5 进行打分。

表 23.1　商业评估清单

商业评估请单	☹ 1	2	3	4	☺ 5
你想要的生活方式					
个人对这个市场的兴趣大小					
内容传递方式是否适合自己（写作、谈话节目、社交媒体、视频）					
通过这种方式至少可以实现你定下的这以下 3 个目标					
1					
2					
3					

（续表）

商业评估请单	☹ 1	2	3	4	☺ 5
市场					
受众需求					
市场规模——中等规模					
竞争力较小					
营销角度					
收益					
来自用户和广告商的费用					
高收益的点击付费模式和联合营销					
可以用来做产品宣传和销售					
持续收益和追加销售					
运营					
能够简单快速起步					
起步成本较低					
日常操作和运营成本较低					
不需要太多技术支持					
需要较强的技术支撑					
产品和运营成本					
营销策略					
网站的可伸缩性					
发展趋势和增长潜力					
综合考虑——这种模式能带来令人满意的效果，让你获得收益吗					
单个栏目总分					
所有栏目的总分					

使用和打分规则：根据你的想法对所有栏目进行打分，1 分最低，5 分最高。打完之后，将总分相加，你就可以看出哪个创业想法更有价值，哪个完全不靠谱。

评分结果：

1 ~ 35 分：不要做。

36 ~ 45 分：需要进一步完善。

46 ~ 60 分：有可能成功。

61 ~ 75 分：很有趣，值得进一步研究。

76 ~ 90 分：很有发展前途。

90 分以上：很赞！

充分利用这个表格，你就能够快速地对多种创业想法进行评估。这个表格加上我之前列出的自流量生活创业者的成功法则，就是我在决定做某一项新事业时会考虑的几个关键性因素。得分较低的想法一般来说成功的可能性不大，得分较高的想法和观点极有可能就是你孜孜以求的事业的起点。

当评估你的创业想法时，表 23.1 可以重复利用，它能帮助你将比较的过程简单化。只要免费注册一个账号，你就可以通过我的网站 ClickMillionaires.com 下载表格的最新版本，上面列出了 30 多个评判要素，它一定能帮助你找到最适合自己的创业项目，让你的投资获得最大收益。

第24章 10步行动方案教你重新规划自己的人生

当面对各种新信息和新机遇时，你很容易就会感到不知所措。为了把本书提供的内容加以整合，我会在本章教你做一个行动规划，告诉你成为自流量生活创业者的10个步骤。

第一步：重新安排自己的时间

研究一下你的时间表，看看每天有多少多余的时间可以用在新事业上。不管你从事哪一行，每周都要花费一定的时间去经营，如此才能将事业做好。强迫自己关掉电视，做一些有意义的事情。越早把事业规划进自己的生活，结果就会越好。即使你每周只有一小时的时间用在新事业上，也能积少成多，而每天一小时的效果会更好。

第二步：重新规划日常行程

在创建新事业的过程中，你一定要认真想好怎样才能挤出更多的时间。例如，把休假的时间用在做研究和规划上，向上司申请在家办公，节省出通勤时间。你甚至可以不以小时，而以项目为单位，缩短本职工作时间，以便将更多的时间投入事业。

第三步：做预算

把你的起步资金存到一个新的账户（我倾向于通过 INGDirect. com 网站注册一个免费账号)。设置自动转账功能，每个月或者每周自动转一点钱到这个账户，作为储备资金。这笔钱是你事业的启动经费，用于市场研究、接受培训，或是产品研发。即使你现在还不知道自己要做什么，或者不知道什么时候开始，但至少你已经有了部分启动资金，可以为自己的事业起步做好准备，即使每周 10 美元，久而久之，也能积少成多。

第四步：分析事业目标

再回头看看我们在第 4 章提到的生活规划清单，做一下那一章的练习题，之后你才能意识到对你来说什么最重要。不要忽略这一步，如果不知道自己的目标，怎么能实现呢？除此之外，你还要努力培养自己的战略性思维。

第五步：培养商业头脑

到目前为止，希望你已经充分利用了我们之前提到的练习方法，也有了开始创业的准备。如果不是，那就需要再去看看第 20 章提到的小众市场的识别方法，赶紧在笔记本上写下自己的创业理念和想法，然后结合个人兴趣、低成本的内容传递方式、使产品变得更具竞争力的方法，充分利用自流量生活创业者的成功法则等，将头脑中的创业想法具体化，变成一项具体的生意。所以，加油吧！大胆做梦，重新规划自己的人生，并享受这个过程。

第六步：做些研究

在自己选择的领域多花点时间，多学点知识，这对于提高个人能力是一笔很好的投资。

- 多读书。读3～5本书，至少有一半的书应该跟你所在领域有关，这能使你在目标市场上成为一名专家。另一半的书应该是教你“如何做”，即如何建立网站、如何做互联网营销、如何研发新产品以及如何将自己的产品跟其他同类产品区分开来。之后就可以先暂停了，因为这些内容已经足够。下一步要开始实践，纸上谈兵赚不到钱，做实事才能。
- 多上网。上网注册一个免费的谷歌提醒业务，它会自动给你发送邮件，内容是你选择行业的最新博客及网页上的更新内容。通过阅读这些信息，你就可以发现还有哪些市场未被占领，受众的哪些需求还未被满足。之后就可以以此为依据，研究如何才能满足受众需求。
- 研究竞争对手。订阅竞争对手的电邮，浏览他们的博客，甚至购买他们的产品或者加入他们建立的在线社区。至少要选择3个或以上的竞争对手，这样你才能了解竞争对手在做什么，同时也有助于找到提升自己产品或服务的方法。

第七步：不要花钱买产品，而要自己去创造

我们总是认为买别人的产品或服务或许能解决自己遇到的难题。但是如果你想创造有价值的新产品，灵感只能来源于你自己，而不是其他“大师”的产品或服务。千万不要花超过自己能力的钱去购买网上被极力推荐的商业方法、营销或是产品研发课程。相反，在开始创业之前，你至少要花30天的时间去看书、研究市场和竞争对手、跟志同道合的人一起讨论，并在心里仔细思考能利用互联网做哪些事情，应该做什么（当然，在提升自我、研究市场和竞争对手

等方面还是可以花点钱的，但花费一定不要超出你的支付能力，并且要保证这些事情对你的事业只有促进作用，不会让你有所分心）。

第八步：创建测试网站

一旦你有了自己的想法之后，就可以在网上做个测试。刚开始的时候，你可能会发现这比你想象的要难得多。但要知道，建网站就像学外语，最开始的时候一切都很难，就像在看“天书”，但在多次阅读以及反复练习之后，你逐渐学会了单词、词组，之后就会越来越熟练。建网站也一样，建一家个人网站完全不需要个人具备编程能力。在网站的测试阶段，我建议你使用便宜甚至是免费的网站建立工具，如 Weebly、Blogger 或者 WordPress 等。当然，如果你实在不了解这一方面，也可以找网上找自由职业者来做。

但是，如果你的事业跟播客、视频或者在线拍卖有关，最好还是要上 BlogTalkRadio. com、YouTube 以及易贝等网站学习相关内容。

第九步：多打零工

如果你想换个职业方向或者学习一项新技能，就可以先尝试做自由职业，暂时远离自己目前的工作。你可以加入 ELance 或者 oDesk 等网络平台，看看雇主都在寻找哪种类型的员工，甚至还可以在本地分类广告网站上的“临时工作”版块看看你在学习新技能的同时，是否能做一些零工赚钱。虽然赚不到太多，但在学习之余还能赚到钱，也是一笔很划算的交易。

第十步：建立自己的品牌

知道自己想要做哪项事业之后，你就可以开始想自己网站可用的域名，域名要求简短、易记且易写，最好后面连上“. com”之后还朗朗上口。因为目前互联网已经有了各种各样的网站，留给你的选择不是很多，所以这件事比想象的要困难（域名选择也始终是我的在线论坛上的热门话题，如果你想在这方面寻求帮助，不妨多来逛逛）。

有了好的域名之后，不要忘了用这个名字注册目前比较流行的几个社交网络平台。你在注册之后很容易就能吸引用户，同时提前注册也是为了防止竞争对手抢先。

按照以上的 10 步行动计划，你很快就能打造属于自己的自流量生活，希望它能够帮助你改变人生，提高生活质量。

第25章 自流量生活制胜策略

用自己喜欢的方式生活，是世界上唯一成功的生活方式。

——美国作家、记者克里斯托弗·莫利（Christopher Morley）

你的生活中有什么东西是你非常热爱，希望跟别人分享的吗？不管你热爱的东西是什么，如今你有更多的机会将自己的兴趣爱好变成一项事业，让你在成就事业的同时还能赚到钱。不管做什么，你一定要给用户提供自己独特的服务和产品，才能成就事业，过上自己想要的生活，用自己的方式来定义成功。

在你读完本书准备创业之前，本章会给你提供一些更具战略性的想法，希望能给你灵感，帮助你调整好自己的心态，使事业朝着更为积极的方向发展。

过渡经营策略能让你的生活变得更好

自己创业听起来像是一个很大的挑战，但实际情况是跟以前相比，创业变得简单了，成本也更低。即使你不是互联网领域的专家，现在也能通过网络接触更广阔的市场。只要有好的时机（就是现在），即使是一个小小的想法也能成就大事业，还能让事业接触到更大范围的市场（整个世界范围内的大市场）。通过本书中的诸多案例你就能知道，在如今的互联网时代，只要经过一定的培训和合适的规划，技术、成本以及害怕失败等已不再是创业的绊脚石。当下就是最好的时间，你完全可以掌握人生，活出自我。

创业伊始，你不一定要破釜沉舟，辞掉工作，投入自己所有的精力和时间，可以将其当作自己的一个兼职。在通往成功的道路上，只有一步步稳健地走才能赢得最后的胜利。把几个小时、几周、几个月甚至几年的努力成果积累到一起，就能得到你想要的回报：第一个月你可能只赚 5 美元，稍后的几个月赚 50 美元，再往后可能每个月就能赚到 500 美元，最后当事业逐渐走向成功时，你甚至有可能每个月赚 1 000 美元、5 000 美元甚至 50 000 美元。听起来是不是很有诱惑力？效益的增长也给了你时间去测试不同产品的效果，同时让你有时间应对竞争对手，建立与用户的关系。

克服曾经失败的阴影

过去的人生经历造就了现在的你。或许在过去的人生中，你有过失败的经历，但现在是一个全新的开始。大部分人都很容易受到以往经历的影响，我们的思维容易被局限，也易受到电视和互联网的影响，认为成功就是“一夜成名”，如果不能一夜成名，你就会感到沮丧，产生不安全甚至挫败感。遇到这种情况，不要降低自己的目标，而是要提起精神，改变生活方式，要尝试增强自己对于成功的渴望，如果能有积极的心态，那整个人就会更加有自信，你的自信也将带领你走向成功。

成功的线上经营不仅可以为你带来收益，还可以提升你的知识水平和自信心。它可以为你进一步的成功奠定基础，拓展这项事业（抑或开始新的事业），帮助你用自己的方式走向成功，实现你的人生目标。在获得了第一次成功之后，你每年都要为自己定更高层次的目标，实现的目标越多，你的人生就越有可能获得更大的成功。

克服贪婪心理

网络和电视上商业广告宣传的快速致富途径，听起来就很难让人相信，本身更不靠谱。而自流量生活则非常实际，它要求创业者一定要在自己的事业上花费时间、付出努力，当然有时候还需要一点点运气。

自流量生活创业者不提倡把时间都用在积累财富上，他们认为钱只是人生道路上的助燃剂，而不是最终目的。尽管人的一生要想过得好，确实需要足够的钱，但是钱并不能提高一个人的精神境界。所以要从现在就将生活幸福作为自己的人生目标，因为有了钱之后，人很容易会迷失自己。自流量生活创业者从来不会退休，不管处于什么年纪，从工作上获得的满足感永远都是他们人生幸福感的重要组成部分。如果你能在工作中享受生活，同时还能帮助他人，为什么要放弃呢?

万事自己做主， 不再看上司脸色

在本书一开始我们就讨论过关于征求上司意见的问题。如果你是一名公司职员，那工作中的很多事都需要向上司申请，晚来要请假、调休要请示、做项目或者完结项目都要向上司汇报。想象一下，如果你不再万事都要打报告，而是根据个人的能力创立事业，过一种自由而又富足的生活怎么样呢？通过阅读本书或许你已经意识到了，自流量生活创业者的生活方式最大的一个魅力在于你可以拥有自己的生活，不用万事都向上司审批和报备。

这种生活方式还能帮你解决另外一个更深层次的问题：自我认可。不管是在生活还是在工作中，你一直都在向他人寻求认可。在工作中，不但上司的认可很重要，同事、下属以及用户的认可也同样重要。如果你想获得更多的自信，也需要从朋友、家人以及爱人那儿得到认可。但是，获得认可这件事跟自流量生活创业者关系不大。因为自流量生活创业者没有上司，没有同事，自然不需要得到他们的认可，而你的家人或许根本不知道你在忙活的事业是什么。

在创业的过程中，你需要对自己的想法和观点充满自信，即使没有上司的监督，也要将工作尽力做到最好。跟钱相比，这种自信心更能提高你的生活质量。金钱买不到自尊，自尊需要你对自己的认可。多上网看看，你就会发现，不管你的兴趣是什么，在网上总能找到志同道合之人，你要在网上充分发挥自己的创造性，而不要把时间浪费在处理同事关系以及取悦上司上。

在网上找到志同道合之人

几乎每个人都害怕改变，所以在创业的道路上，最好能找到支持你的人。去哪儿找这些人呢？当然是网上。试着在社交媒体和在线论坛上搜索自己喜欢的内容，寻找跟自己有相同爱好的人，Meetup.com、脸书、推特、谷歌 + 以及自流量生活创业者的在线论坛都是很好的交友平台。它们之所以被称为“社交”平台，是因为在这些平台上你总能找到志同道合之人。创业伊始，你需要并且也应该在线找到支持自己的群体。这些人现在就在网上，他们跟你有共同爱好，你们可以共同提升、共同创业。如果你在改变生活方式方面有需要帮助的地方，相信他们会很乐意帮忙，积极加入他们很可能会加速你的成功。

失败是成功之母

如果计划 A 失败了，别忘了还有其他多个备选方案。

——美国博主、作家克里斯·吉尔博（Chris Guillebeau）

不要因为害怕而停止尝试。很少有人能在第一次尝试时就获得成功，即使事业失败了，那又怎样？或许你所做的事就是你的短板，可那又怎样呢？

在创业伊始选择一种商业模式，就像上大学要选择一门专业一样，有可能你之后就换专业了呢。就像我一样，最开始上的是医学预科班，后来接触了化学之后就改为化学专业，最开始创业的时候选择了一种商业模式，但是后来才发现还有很多其他的选择，而一开始，我根本没意识到这一点。

如果你已经选择了一个领域，但是做市场调研的时候发现没什么潜力，或是在进行网站测试时发现没有什么发展前途，那就赶快放弃！或许你耽误了一点时间，浪费了一点钱，但是要仔细想想怎么从这些失败中吸取经验和教训，为以后的事业发展奠定基础。想要成功就要不停地尝试，在这个尝试的过程中，也要学会变通。如果你在一项事业中投入了大量的心血，耗费了好多时间，浪费了上万美元，我倒宁愿你在最开始没有投入太多时间和精力的时候，多摔几次跤，多失败几次。

不要让自己的自负心理阻碍了成功的道路，保护好钱包，趁还没浪费太多的时间和金钱之前赶紧停止尝试。互联网创业的起步成本很低，所以很快就能重新开始。我们曾在前文中提到过，在刚开始起步的时候，要给自己限定一个时间期限，也要准备一定的资金，利用这段时间和准备的资金去尝试自己的创业想法和理念。起步资金可以是你平时的储备资金，但一定不要过分投入，甚至把房子等不动产也投入自己的生意中。最开始就要做好预算，算清楚自己最多能损失多少钱，能花费多少时间，提前把那部分钱储存起来，当作未来的投资，作为自己继续前进的后备资金。如果第一份事业失败了，一定要保证你能从中学到经验和教训，投入的钱没有浪费。越早放弃注定失败的事业，你就越早能重新开始用自己新学到的知识和技能开创新的事业。

以做项目的方式， 而不是从开公司的角度来创业

> 系统地安排好工作，就不会产生致命的失败。
>
> ——美国著名营销管理作家赛斯·高汀（Seth Godin）

成为公司职员就意味着你把生活的希望寄托给公司。现在好莱坞的电影公司流行一种新型的制作方式，这种方式在硅谷也得到越来越多的关注。好莱坞的一些公司在制作电影、电视节目以及音乐时，会雇用公司以外的人来完成其中的部分项目。你在创业的时候也可以采用这种模式，雇用别人完成项目，这种模式可以同时用于你的多项事业。不管这个项目是你自己的，还是别人的，你都能在

赚钱的同时学到一定的技能，而这项技能同时还能为你以后的事业发展做准备。久而久之，你的个人技能就会越来越熟练，虽然你也许会经历创业的失败，但你自身的能力却在一步步提高。

在创业的过程中，你还可以雇用员工做自己的帮手，帮忙做一些你不想做或者不会做的工作。不管是信息、资源，还是人力支持，你都能在网上找到。做好准备工作之后，你就可以开始做自己的项目，慢慢将其发展成为自流量生活。一个项目成熟之后，你就可以用较低的成本雇用他人帮忙进行日常管理，自己再去探索新的项目。成功几次之后，你就会发现你现在跟我差不多，有一批能够随叫随到，能做不同工作的人。不管什么时候想开始一份事业，他们都能提供帮助。他们为我工作一次之后，我就知道他们能提供哪些帮助，帮助我建立自己的项目组合。

不要相信网上的炒作——不要听信所谓“大师”的推荐

> 千万不要相信“大师”会给你帮助，他们的作用还比不上顾客。
>
> ——美国网站 TropicalMBA. com 的创始人
> 丹·安德鲁斯（Dan Andrews）

当你想把自己的爱好纳入自流量生活的规划过程时，你可能会倾向于在网上寻找方法。你也许会想有没有捷径可走，这是很自然的，但是千万不要指望从别人那儿得到答案。你会在网上遇到很多所谓的“大师”或“专家”，他们会告诉你听起来很容易的赚钱方式，并且说他们自己已经从中赚到了不少钱。不要轻信这些人，他们大部分都是因为把自己的产品或者服务鼓吹得很到位才赚钱的，并不是因为产品或服务本身很有价值。你需要的不是一整套“独家视频教学课程”，也不是“大师级周末行政课程套餐”，而是针对个人自流量生活富有针对性的意见和建议。

我已经努力将如何节省成本，如何实施自己的商业规划，以及如何做出最适合的选择等内容贯穿本书。只要你做好了准备，就可以跟朋友一起加入我们的互助小组（线上、线下都有），分享彼此的经验，或者你也可以直接上 ClickMillionaires. com 网站。这家网站的初衷就是希望有一天它能帮助跟你一样的创业新人开启自己的事业，让你们在上面找到自己想要的答案。

你希望得到更好的反馈吗？你可以创建一个新网站来卖东西，用户买了之后就会给你反馈，这些反馈远比所谓“大师”给你的建议要好得多。

避免产生嫉妒心理

心灵鸡汤类网站 Lifehacker. com 的编辑吉纳·特拉帕尼（Gina Trapani）把网络商人会有的行为和现象称为“嫉妒机器”（envy machine），即条件反射性地对别人的工作或生活产生嫉妒心理。随着人们上网次数的增加，浏览内容的增多，当你看博客或者是浏览社交网站时，会接触到很多人，不仅包括家人、朋友、用户，也会有你的导师、竞争对手以及社交名人。不要太把他们晒出的生活或者谈论的事情当真，拿自己跟他们比较。通过他们最近更新的状态，你可能觉得似乎每个人都过得比你好，但其实这只是表象。他们中有些人在你之前已经努力了很多年，有些人背后有很强的靠山，有些人则有着丰富的经验、强大的家庭背景、很广的人脉，或者其他人无法复制的优势。

要知道，社交网络上展示的不是个人的全部生活。那儿就像是高中同学聚会，每个人都尽量展示出自己最好的那一面。似乎他们的生活中总有接二连三的惊喜，但其实他们在很大程度上夸大了自己生活中的美好。如果你的竞争对手（甚至是朋友）的粉丝比你多，你就会很不好受。但其实这种比较毫无益处可言，对你来说也很不公平。你可能只比那些成功人士差了一点儿，这在真实世界中没什么，但是在网络世界很可能就会被无限放大。与其一直羡慕自己的竞争者有 10 万个订阅用户、1 万个脸书好友或是在谷歌 + 上有 10 万个粉丝，倒不如一直保持积极的态度，专注于实现自己设定的自流量生活的目标。

打造自流量生活（阅读本书）的一个原因是想开启自己的创业之路，既然已经设定好了目标，在实现的过程中，就不要一直拿自己跟别人比，这纯粹是浪费时间和精力。你之所以选择了这条路，是因为你想实现自己的人生目标，希望自己的付出有所回报，同时还希望能过上一种更有意义的生活。在追求事业的过程中，不要产生嫉妒心理，一定要坚定地走自己的道路，成为一名真正的自流量生活创业者。

乐于助人从来都不过时

> 我们得到是为了生存，但我们生存是为了奉献。
>
> ——英国首相、政治家温斯顿·丘吉尔（Winston Churchill）

互联网每天都在发生变化，这种变化难以预测，我们应该如何在这种变幻莫测的环境中获得成功？在本书中我没有试图教你建立自流量生活的特定的营销技巧或是吸引流量的小技巧，而是让你知道要想获得成功，你需要了解用户的真实需求。不管现在在线市场上流行哪种营销技巧，不管谷歌、脸书以及亚马逊等大公司给市场带来了哪些变化，也不管政府又推出了哪些跟税务或是隐私有关的电商条款，在线事业最根本的就是要满足用户的需求。即使你正在使用或是最喜欢的营销技巧和产品销售策略已不再流行，只要你还在坚持帮助他人提升生活品质，他们就会变成你的忠实客户，同时还会帮你做宣传。

自流量生活也是一种实现人生目标的方式

我知道有两种人生，一种人假设整个宇宙是一个大的机器，自己只是其中的一个小零件，根据机器的转动来发挥自己的作用，做好自己的工作，这种人生比较稳定，也是大部分人的选择。

另一种人深信自己的存在能够给这个世界带来重大影响。他们认为，自己生活在这个世界的目的不单单是吃饭、睡觉、养育下一代，而是要影响并改变这个世界。个人的能力，包括认知能力、创造能力、策划能力、自我提升能力以及个人具有的同情心都为你提供了成为伟人的机会。选择第二种人生的人的目标是用尽全力做到最好。你想成为那哪种人？如何提高自己的能力，过上你想要的生活？如何才能改变你的生活？

工作通常以某种方式让我们认识到了真正的自己，知道“我们是谁”，但我认为这是无稽之谈，要是不相信的话，就看看我们每天在工作上花费了多少时间吧！正相反，创业能够给你提供个人发展的机会，能够带给你不同的人生，让你将人生过得更有意义。通过网络运营，你可以将自己提供的独一无二的产品和服务带给这个世界。之后，你会得到更多，也应该得到更多，也有能力为这个世界做更多的贡献。

剩下的就是愿不愿意的事儿了，你想现在就开始行动吗？

现在就开始行动

很多人在创业过程中，不仅项目失败了，自己的真实生活也过得不尽人意。这种事情可能发生在任何人身上，包括我，因为我也有过的不如意的时候。想要获得快速成功不是一件简单的事情，希望本书能够帮你认清前进的道路，重新规划自己的生活，让你热情地迎接每一天。

如果不想现在就开始，你可以找出成千上万个理由，骗自己说，“等到我的人生发生‘某些变化’了再做吧”，但是为什么要等呢？为什么要把自己的命运交给别人，交给自己的上司或者交给环境呢？如果你想得到好的结果，为什么不现在就开始改变自己的生活呢？尤其是当你起步很容易的时候，开始得越早，才能越早达到目标，改变自己的生活。

生命有限

人生是有限的，只有你自己才能将它过得更加充实。你可以在有限的时间里，规划好自己每一天的生活，让自己的人生更加丰富多彩。你可以按照本书教给你的方法和步骤改变你的生活和事业，这些方法可能不会让你瞬间成为百万富翁，却能让你充实地度过每一天。选择你生活中最想改变的方面，决定自己想过的生活，之后就要朝着自己的目标前进！

后记

自流量生活的再投资策略

当你创业成功之后，会做什么呢？你会发现自己的空闲时间越来越多，或许最开始你还没有太大的感觉，但是如果有一天你工作日中午出来吃饭，却又不着急赶回去上班，或是孩子的学校、常去的教堂周五早上需要有人帮把手的时候，你正好有空，才会意识到自己真的多出了太多时间。当你在家准备做只有“闲人”才做的事情时，可能就会意识到自己不仅空出了时间，存款也在一天天增加，而你个人并没有付出太多努力。

这就说明你努力打造的自流量生活商业模式的确开始起作用，而你现在乃至未来的生活已经享受到这种商业模式带来的福利。

自流量生活创业者的循环商业模式

当你发现自己的空闲时间和银行存款都在增加时，你可能也会发现自己面临着新的问题：如何利用多余的钱和时间？在这儿我教给你两种投资途径：

- 把自己多余的时间用于实现更多的人生目标，或者重新开始一项新的项目。既然你的第一项事业已经开始赢利，自然可以按照之前的模式再开始一项新的事业，当第二项事业成功之后，可以再开始第三项，如此循环。如果你的事业运转符合我们讲过的自流量生活创业者的成功法则，那么它一定是可伸缩的，也会带来持续收益。当事业越来越多之后，你就可以减少工作，多享受生活，同时也可以把自己的所得用来回馈社会。

- 把得到的钱投入在线创业社区，帮助那些需要帮助的人。是否能够回馈社会是判断一个成功的创业者的关键因素。你同意我的观点吗？或许现在你还没有完全得到自己想要的东西，过上自己想要的生活，但是如果你正在读这本书，就说明你至少比世界上很大一部分人都有钱。把自己赚到的钱拿来再投资，投给身边成功的人，或是你觉得值得帮助的人，一起努力让世界更美好。

自流量生活创业者的再投资项目

如果你也认同我在本书中分享的自流量生活的创业模式，欢迎加入我的“自流量生活创业者再投资项目”。即使你不能提供太多资金，也没有太多的技术经验可分享，但作为一名成功的创业者，你拥有很多别人没有的东西。ClickMillinaires. com 网站上最具有奉献精神的会员在最开始规划自己事业的时候，就决定每月贡献自己的10%（时间或收益均可）给刚起步的创业者，帮助他们创业。

这 10% 可以是每个月抽出 10% 的时间，也可以是拿出 10% 的收益，什么形式都可以。你也可以用自己的方式来决定帮助的人和事，帮助的对象可以是你的邻居和同事、家人，也可以是自流量生活创业者在线论坛上的人，或者只是做慈善事业。做这些事情的确可以给自己加分，提升个人形象，但是自流量生活创业者对成功的定义是在每天的生活中帮助他人，却从不追求从中得到什么。我会把自己写书赚的钱拿去做慈善，捐给贫困的孩子们，看到他们，我就会想到曾经的自己。

在“自流量生活创业者”论坛上，我们一直都在讨论日常生活中如何能简单地做到回馈社会。很希望你能加入我们，我们希望不仅能帮你建立一份令你骄傲的事业，还能将你的成功分享给他人。

致谢

在现代社会，总是有一次又一次的机会降临在你面前。这些机会有的是发展事业，有的是提升自我，但只有一小部分聪明的人才能抓住机会，采取行动，获得成功。既然你已经读了这本书，那么你也可能成为这一小部分聪明人中的一个，成为众多自流量生活创业之者之一。我一直致力于通过在线创业来改善自己的生活，《互联网富翁》的出版是我事业的开始，之后又有了《互联网富翁 2.0》，这本书是我出版的第三本书！感谢购买本书的读者，感谢你们抽空读这本书。希望我的努力能帮助你获得人生的成功，不仅让你获得不菲的收益，还能提高你的生活质量，通过事业的成功获得你想要的生活。

现在社会上流行的商业模式、理念以及技术趋势都在说明未来的发展趋势是事业的生活化。赚钱已经不再是每个人追求的人生目标，人们想在自己的事业中更好地发挥个人潜能，让生活过得更加充实。很多人都认同这一点，包括正在读本书的你、我的经纪人 Lacy Lynch、Shannon Marven、Jan Miller，以及美国管理协会（American Management Association）我亲爱的朋友们。

感谢美国管理协会我的图书编辑团队的成员，Bob Nirkind、Barry Richardson、Hank Kennedy、Jenny Wesselmann、Rosemary Carlough、Irene Majuk、Jim Bessent、Kama Timbrell、Debbie Posner、Therese Mausser、Cathleen Ouderkirk、Nate Ouderkirk、William Helms、Andy

Ambraziejus 以及本书的全球销售和营销团队，Terry Wybel 和本书的欧洲销售团队。

还要感谢自流量生活创业者团队的朋友们，以及本书中提到的众多案例的主人公，尤其是 Connie Mettler、Dave Powers、Kristin Espinasse、Fabio Rosati、Al Peterson、Randy Cassingham、Betty Thesky、Beau Blackwell、Rob Ludlow、Ann Sieg、Amit Agarwal、Manny Hernandez、Wayne Hurlbert、Andrew Warner、Khrystyne Robillard Smith、Kristof Lindner、Giancarlo Massaro、Tawnya Sutherland、Jason Sadler、Lisa Hendey、Matt Rodriguez，同时还要感谢为采访提供便利的 Jason Rosenthal、Christina Lee、Keith Do、Carrier Stuart 以及 Heather Sharp。

说起自流量生活创业者，我还要感谢赢得知名奖项的会员和 Click Million aires. com 的朋友们，特别是 Judith、Marie、Tony、Eva、Kat、Melinda、The Musselwhites、Nate、Sandra、Cy、Sonya、Dave、Liz、Dina、Patrick、Richard、Jeremy、Jane、Hector、Steven、Ivette、Diana、Noah、Seth、Linda、Walter、Krum 以及 Michael。

感谢以下几个人对我的指导和帮助，Seth Godin、Robert Kiyosaki、Bill O’ Reilly、Tim Ferriss、David Bach、Darren Hardy、Tim Sanders、Anthony Robbines、Thomas J. Stanley、T. Harv Eker、Michael Ellsberg、Ramit Sethi、Guy Kawasaki、Chris Brogan、Ken Evoy、Bob Lefsetz、Chris Guerriero、Makeda Wubneh、Ron Will、Jacki Bilsborrow、Bard Ford、Chuck Greenwood、Lou Fabale、Michael Whalen 以及 Sully、Russ，还有来自《播客大秀》的 Maureen。

感谢 Ritz-Cariton Laguna Niguel 对我的热情招待，以及 Panera，她给了我很多写作的灵感，同时还要感谢 Fitdesk。在这里我还要感谢我的家人，感谢她们支持我的工作，使我有动力去奋斗，希望我有更多的时间可以陪他们，感谢我的妻子 Katherine，我的女儿们，感谢我的母亲，同时还要感谢 Ti-Ta、Shung-Jong、Jonathan 以及Carie。